O Bem Sempre Triunfa

O Bem Sempre Triunfa

1-8-04-12.000

Direção editorial: **Flávio Machado**

Capa: **Júlia Machado**

Chefe de arte: **Marcio da Silva Barreto**

Diagramação: **Ricardo Brito**

Revisão: **Fernanda Almeida Umile**

Fotolito da capa: **Digigraphic**

Impressão: **OESP Gráfica S/A**

Ficha catalográfica elaborada por
Lucilene Bernardes Longo – CRB-8/2082

Michael (Espírito).
O bem sempre triunfa / ditado pelos Espíritos Michael e George Renée ; psicografado pela médium Valéria Sicare Nascimento. – São Paulo : Petit, 2004.

ISBN 85-7253-121-1

1. Espiritismo 2. Psicografia 3. Romance espírita I. Renée, George (Espírito) II. Nascimento, Valéria Sicare III. Título.

CDD: 133.9

Impresso no Brasil, no inverno de 2004.

O Bem Sempre Triunfa

Ditado pelos Espíritos

Michael e George René

Psicografado pela médium

Valéria Sicare Nascimento

petit editora

Rua Atuaí, 383/389 - Vila Esperança/Penha
CEP 03646-000 - São Paulo - SP
Fone: (0xx11) 6684-6000
Endereço para correspondência:
Caixa Postal 67545 - Ag. Almeida Lima
03102-970 - São Paulo - SP

www.petit.com.br
petit@petit.com.br

Outro livro da autora:
– Um romance inesquecível

Em Paris, no apagar das luzes do século dezenove, uma jovem bailarina sai de casa às escondidas. Uma noite, atraída pelo fantástico mundo do circo, conhece Nicolau, um jovem trapezista russo – por quem se apaixona perdidamente... Tempos depois, uma linda menina nasce num célebre circo de Moscou, na Rússia dos czares. É Sacha, que mais tarde vai seguir a saga da mãe e também viver o seu romance inesquecível...

A Neusa Gomide do Nascimento, que com pureza de espírito dedicou sua vida à caridade mediúnica. Por sua luz, seu carinho e sua fé, seremos eternamente gratos. Agradecemos também a todos os médiuns que nos ofereceram sua energia e seu amor.

Nota da Autora

Depoimento de Louise contado aos Espíritos Michael e George René.

Sumário

1

Tempos difíceis

FRANÇA, 1942. PARIS ESTAVA OCUPADA DESDE 1940. Os alemães chegaram com armas e ordens do III Reich. Por todos os lados, viam-se soldados. Grandes bandeiras vermelhas pendiam dos edifícios, maculando-os. Dividido internamente, o país tinha parte de seu território ocupado pelos nazistas e passava por um de seus piores momentos históricos. À distância, Charles de Gaulle governava, tentando levantar os ânimos combalidos dos franceses com apelos patrióticos. Em Paris, a população colaborava de todas as formas com a Resistência, um movimento heróico e corajoso. Víamos nos resistentes o símbolo de nossa Nação que, apesar de dominada, não se rendia jamais.

Difíceis tempos. A alimentação era racionada, e os meios de transporte estavam sempre lotados. Eu tinha preferido caminhar até o centro da cidade quando fui abordada por um jovem soldado alemão. A Gestapo vigiava incansavelmente nossa vida e seguia de perto os nossos passos. Nada mais lembrava a alegria e o orgulho de nossa bela capital, a não ser o clima ameno de fim de verão, que nos deixava um pouco mais alegres. O soldado olhou minha documentação e conferiu a fotografia atentamente. Em seguida, comentou algo com seu companheiro alemão. Como dominava o idioma, entendi o que diziam:

– Veja, que bela francesa! Se estivesse de folga iria convidá-la para um passeio ou algo mais...

– É mesmo uma formosura! – Exclamou o outro soldado, olhando-me da cabeça aos pés. Fui obrigada a suportar o escárnio sem reagir. Afinal, os nazistas é que ditavam as regras e davam mostras constantes de como sabiam ser cruéis.

Finalmente, cheguei ao número vinte e cinco da rua Saint Dennis. Parei na entrada da mansão, que era protegida por um pesado portão de ferro. Da calçada, fiquei apreciando a bela fachada do palacete. Era uma imponente construção, em estilo neoclássico, ladeada por magníficos jardins. Toquei a sineta e fui atendida por uma governanta, que atravessou ligeiramente a longa alameda de ciprestes.

– Pois não, o que deseja senhorita?

– Boa tarde, meu nome é Louise. Trago uma carta de recomendação do casal Savoirréc.

– E a quem se destina?

– Ao dono da casa – respondi, certa de que estava dando a informação correta.

– Queira acompanhar-me, por obséquio!

Fui conduzida ao interior da residência, até uma saleta. Fiquei encantada com o ambiente requintado, decorado em estilo Luís XV: pesadas cortinas de veludo pendiam do teto ao assoalho, recoberto por lindas tapeçarias; móveis de madeira ricamente entalhados combinavam com os lustres de cristais e, na parede, telas de pintores renomados arrematavam a decoração. Em uma mesinha de canto, objetos de arte misturavam-se a porta-retratos. Olhei um a um, até que a foto de um jovem casal de noivos despertou-me a atenção: uma moça loira de sobrancelhas bem marcadas sorria apaixonadamente para um rapaz de tez clara, olhos e cabelos bem negros. Estranha sensação invadiu-me, como se tivesse voltado no tempo. Tive de me esforçar para desviar o olhar, sem entender tal nostalgia.

Aproveitei o espelho sobre o aparador para retocar o batom e ajeitar o chapéu. Respirei fundo... Sabia que precisava aparentar segurança, mas a verdade é que estava ficando aflita com a demora. Finalmente, a governanta voltou:

– Por aqui, senhorita.

O bom gosto reinava nas salas amplas, ornamentadas com requinte e luxo. Ultrapassamos uma larga escadaria e seguimos em direção ao final do corredor. Um lindo jardim de inverno deixava entrar a luz do dia e podia-se ouvir o barulho gotejante da água que se desprendia das pedras. Em seguida, entramos em uma biblioteca ampla, com várias estantes de mogno e inúmeros livros. Em uma escrivaninha próxima à janela, sentava-se um homem elegantemente vestido. Reconheci, de estalo, o rapaz da fotografia. Talvez um pouco mais velho, mas certamente um homem muito bonito. Novamente fui invadida por uma sensação de familiaridade inexplicável.

– Obrigado, pode nos deixar a sós – disse ele, com voz grave. E continuou:

– Boa tarde, senhorita! Sente-se, por favor. Meu nome é Rudolf e confesso não saber o motivo de sua visita. Peço-lhe um pouco de paciência, pois Gertrudes foi buscar uma resposta com meu cunhado.

O tempo alongou-se insuportavelmente enquanto aguardávamos mergulhados no mais profundo silêncio. Procurei baixar os olhos para não deixar transparecer o impacto que a presença daquele homem me causava. Repentinamente, a porta se abriu, quebrando o clima de embaraço. Fiquei impressionada com o outro homem, pois ele era idêntico à moça do porta-retratos: os mesmos traços finos e olhos profundamente verdes.

– Leopold, finalmente! O que tem a me dizer...

– Ora, relaxe meu caro cunhado. O fato é que estou precisando de uma secretária e comentei com alguns amigos. Esta é uma das candidatas – respondeu o jovem, cordialmente.

– Sendo assim me retiro para deixá-los mais à vontade. Com licença, senhorita! – Exclamou Rudolf, sem disfarçar um certo desagrado. Quando pegou na maçaneta da porta, pude perceber que ele usava duas alianças no anular da mão esquerda.

– Muito prazer, meu nome é Leopold. A senhorita chama-se?...

– Louise, senhor.

– Bem, vejamos o que traz nesta pasta, senhorita Louise – continuou ele, estendendo sua mão fina e bem cuidada em minha direção. Pude perceber nele certa altivez; talvez tivesse orgulho de sua beleza e posição social.

– Ótimo currículo! Formada na Sorbonne, onde aprendeu alemão e inglês. Vejo também que foi secretária dos Savoirréc por alguns anos. Aliás, eles não lhe poupam elogios na carta de recomendação.

– São muito generosos.

– Bem, pelo que pude saber, você não quis acompanhá-los à Itália, estou certo? Qual seria o motivo?

– Sim, recusei o convite pois tenho família aqui em Paris.

– Então, é casada? – Perguntou ele, observando minha mão.

Aquela pergunta, de praxe, desconcertou-me. Lembrei-me de dolorosos fatos recentes, e com o coração aos pedaços, respondi:

– Não, moro com meus pais.

– Interessante... A maioria da população tem procurado sair do país ou refugiar-se nos campos, pois se sentem prisioneiros em Paris. A senhorita não teme a guerra?

– Sim, claro que sim, senhor. Mas não posso simplesmente abandonar meus pais ou o país que amo. Sinto, como tantos outros franceses, um imenso pesar por estarmos vivendo sob cerco armado, mas pretendo permanecer em Paris enquanto for possível.

– Muito bem, muito bem! Tem uma ótima carta de recomendação, um excelente currículo e boa aparência! Parece-me muito adequada à vaga. Assim mesmo, senhorita, peço-lhe que escreva à mão uma carta, e copie este texto à máquina.

Assim o fiz. Ele elogiou a minha letra e pediu-me que voltasse em dois dias, para obter uma resposta. Ao sair, lançou-me um olhar sedutor.

Era fim de tarde, e o crepúsculo caía lentamente sobre a cidade, colorindo a paisagem. Ao fundo, a Torre Eifell brilhava sob os últimos raios de sol. As ruas estavam cheias de pessoas indo e vindo, algumas alegres, outras solitárias, com os olhos perdidos ao longe. Respirei fundo e apressei o passo. Enquanto voltava para casa, pensava nos últimos acontecimentos. Não compreendia o que tinha se passado comigo, o porquê de tanta ansiedade na frente de Rudolf. Ademais, de onde teria tirado aquela inexplicável familiaridade com ele? E o outro rapaz, Leopold? Teria realmente chances de ser escolhida para a vaga? Atualmente, conseguir emprego era quase um milagre. Ainda mais para o cargo de secretária, um luxo que poucos podiam ter durante a guerra. E as alianças na mão de Rudolf? Seria ele viúvo?

Mas Leopold o havia chamado de "caro cunhado". Que mistérios estariam encerrados naquela bela mansão?

Cansada de tantas perguntas curiosas, cheguei a casa exausta. Deixaria que Deus decidisse minha sorte. Sabia que ficaria muito ansiosa nos próximos dois dias, mas tentaria me controlar. Afinal, se não conseguisse o emprego de secretária, poderia tentar trabalhar em alguma fábrica.

Os dois dias passaram lentamente, e como havia combinado, voltei à mansão para obter uma resposta. A mesma governanta atendeu-me com um sorriso, levando-me à biblioteca. No entanto, desta vez era Leopold quem estava sentado na cadeira atrás da mesa.

– Muito bem, senhorita Louise, estive entrevistando outras candidatas e confesso que perdi um precioso tempo. Sem dúvida, a vaga é sua!

– Ah, fico muito satisfeita, senhor Leopold!

– Então, pode começar amanhã mesmo?

– Sim, claro!

– Ótimo, tratemos de combinar salário e horários.

Assim que terminamos a leitura e a assinatura do contrato, ele se levantou e tocou a sineta:

– Gertrudes, acompanhe a senhorita à porta – ordenou ele.

Feliz por ter obtido êxito, parei em uma igreja próxima e rezei agradecida a Deus. Em seguida, voltei para casa o mais rápido possível para comemorar com meus amados pais, que certamente aguardavam-me ansiosos.

Cheguei a casa à noitinha. A lua cheia começava a clarear as ruas com sua luz prateada. Morava em um simpático bairro da periferia de Paris, onde tudo estava sempre calmo e tranqüilo. Como imaginava, encontrei meus pais na sala. Papai tinha setenta anos, e, apesar da idade, conservava intactos o raciocínio e a jovialidade de espírito. Era alegre e sempre bem-disposto.

Nascido em Marselha, cidade portuária ao sul da França, trabalhou duramente para construir um bom patrimônio para sua família. Com as economias de muitos anos, comprou um armazém à beira do cais, consolidando seu antigo desejo. Mas o destino lhe reservara uma desagradável cilada. Sua primeira esposa faleceu em 1917, vítima de uma doença ainda desconhecida, deixando-lhe dois filhos: Maurice e Pierre.

Passado um ano, sua vida mudaria por ocasião de uma viagem a Paris. Em visita a um orfanato, conheceu uma mulher encantadora, de traços firmes e personalidade determinada. Seu lindo rosto destacava-se, pois ela trazia sempre a farta cabeleira presa em um coque. Era descendente de uma família muito religiosa, tinha uma irmã freira e ela mesma estivera muito próxima de fazer os votos. Não o fez porque achava que fora da clausura poderia estar mais próxima da dura realidade do mundo. Assim, permaneceu solteira até conhecer seu primeiro e único amor.

Tudo aconteceu muito depressa na história que uniu meus pais. Em apenas um ano estavam casados, e papai se mudou para Paris após as núpcias. Deixou para trás sua adorada Marselha e seus amados filhos, confiando a direção do armazém a eles, que já eram adultos o suficiente para gerenciar o negócio.

Contrariando todas as expectativas, mamãe engravidou logo. Foi assim que nasci em 1918.

Apesar das dificuldades da época, vim ao mundo acobertada pela sorte. Filha única de uma união tardia, era alvo constante de carinho dos meus pais. Tive uma infância saudável, pois viajávamos todas as férias para Marselha, uma cidade linda, banhada por um mar calmo e límpido. Meu irmão mais velho, Maurice, era casado com Claire e tinham uma linda filha, que se chamava Suzanne. Devido à nossa pouca diferença de idade, brincávamos juntas, minha sobrinha e eu. Pierre, o outro irmão, também já havia se casado e tinha três filhos. Portanto, nossas viagens ao litoral eram muito excitantes e alegres.

Entrei em casa com um sorriso estampado no rosto. Sentei-me no sofá entre meus queridos pais, beijando-lhes a face estaladamente. Mamãe, curiosa, foi logo querendo saber:

– Filha, e então? Conseguiu o emprego?

– Pois se conheço bem minha Louise, já sei a resposta. Basta ver sua expressão – arriscou papai.

Nada respondi, mantendo certo ar de suspense.

– Vamos, meu anjo, conte-nos logo – insistiu mamãe.

– Muito bem... Consegui!!!

– Graças a Deus, fui ouvida em minhas preces – continuou mamãe, sempre devota.

– Parabéns, minha filha! Vê-la feliz enche meu coração de alegria! – Exclamou papai, emocionado.

Enquanto contava a eles detalhes dos últimos acontecimentos, mamãe serviu um delicioso jantar preparado com suas mãos de fada, e papai fez questão de abrir uma garrafa de vinho para comemorar. Quando lhes contei que o dono da casa usava duas alianças na mão esquerda, papai confirmou:

– É um claro sinal de viuvez. Eu mesmo as usei durante certo tempo logo depois da morte de Eglantine. Mas depois que conheci Marie não vi mais razão para manter o luto. Apaixonei-me e casei-me logo depois – recordou papai, olhando carinhosamente para mamãe, que enrubesceu. Ela ainda tinha pudores em manifestar sua paixão, resquícios de uma vida toda voltada para a religião.

Quando estávamos saboreando a sobremesa, o locutor de rádio interrompeu a música para dar uma notícia extraordinária. Segundo informações de última hora, cento e treze resistentes haviam sido covardemente assassinados por soldados alemães em represália à morte de um comandante nazista.

Mamãe e eu entreolhamo-nos silenciosamente. Sabíamos dos contatos de papai com membros da Resistência e temíamos por ele. Emocionado e visivelmente abatido, ele comentou:

– Triste guerra esta, que faz tombar ao solo cidadãos honestos e dedicados pais de família.

Em seguida, sentou-se ao lado do aparelho e aumentou o volume. Ouvimos que a população enfrentava os guardas armados com a intenção de resgatar o corpo de seus familiares. Ainda tentamos impedir papai de sair, mas foi em vão. Restou-nos apenas ficar rezando para que ele voltasse ileso. Mesmo sendo um homem de grande força física e espiritual, percebíamos que as tragédias da guerra apagavam pouco a pouco o brilho de seu olhar. Ele não se conformava e costumava definir a guerra como "a maior ignorância criada pelo homem". Mamãe completava:

– Em vez de "amarmos uns aos outros", estamos matando uns aos outros.

Aquela noite não terminou alegre como havia começado. Exausta, deitei-me e não demorei a conciliar o sono. Desde pequena fui educada segundo os preceitos da religião católica, freqüentando a igreja com minha mãe. Mas, freqüentemente, tinha sonhos repetitivos, que me deixavam confusa e muito assustada. Certa vez, ao comentar o assunto com uma amiga de faculdade, ela disse que poderiam ser revivescências de vidas passadas. Assim, ela me indicou os livros de Allan Kardec, os quais passei a ler e a estudar para entender tais sonhos. Foi desde essa época que me encantei com o espiritismo, pois pude encontrar n'*O Evangelho Segundo o Espiritismo*[1] belas e sábias lições. Também li *O Livro dos Médiuns*[2] e tinha sempre à mão *O Livro dos Espíritos*[3]. Este último trazia respostas claras para uma série de perguntas sobre o mundo espiritual. Com ele, podia satisfazer minha curiosidade sobre vários fenômenos "inexplicáveis" que ocorriam no mundo material. Naquela noite, tive mais um dos sonhos repetitivos.

"Eu andava por um imenso e florido campo verdejante. Estava de braços dados com um rapaz e carregava uma cesta de flores. Enamorada, sentia no peito a certeza de ser correspondida em meu amor. Passeávamos tranqüilos até que, de repente, fomos interrompidos em nosso idílio. À nossa frente surgiu uma cigana com o dedo em riste e os olhos verdes faiscantes de ódio. Enquanto rogava pragas, jogava a cabeça e os longos cabelos negros para trás. Sem entender seu dialeto, procurei resposta nos olhos de meu amado. No entanto, não conseguia ver seu rosto, sempre encoberto pela larga aba de seu chapéu."

Acordei assustada. As imagens daquele sonho ruim não saíam de minha mente. Demorei a conciliar o sono novamente após mais um daqueles intrigantes e inexplicáveis pesadelos.

---

1. KARDEC, Allan. *O Evangelho Segundo o Espiritismo*. São Paulo: Petit Editora (Nota do Editor).
2. Idem (N.E.).
3. Idem (N.E.).

2

Recordações

NA MANHÃ SEGUINTE, ACORDEI UM POUCO ABATIDA. Diante do espelho, tentei apagar as olheiras com maquiagem. Fiquei por um instante perdida em pensamentos, relembrando o quanto a vida tinha sido generosa comigo, tanto nas alegrias quanto nas adversidades. Comecei a recordar e mergulhei nas águas do passado.

Voltei ao ano de 1938. A guerra ainda não havia estourado e eu trabalhava para os Savoirréc. Italianos de nascimento, eram alegres e falastrões. Doutor Marcel Carraci Savoirréc provinha, do lado paterno, de franceses, sendo o primogênito de uma tradicional e abastada família. Renomado cientista, dedicava horas de estudos à sua especialidade, a dermatologia. Sempre elegante, cultivava dois hábitos que lhe davam grande prazer: ouvir ópera e fumar cachimbo. Era comum ouvi-lo cantarolando com sua voz afinada de tenor árias de Verdi e Puccini.

Madame Sophia de Monteverdi Savoirréc era dona de grande beleza, tipicamente italiana, conservada com vaidade discreta. Caridosa, tratava as pessoas com meiguice e adorava recordar fatos felizes, passados em companhia de sua numerosa família na Itália. Os Savoirrécs moravam em um belo palacete com grandes salas e sacadas que davam para os jardins. Os vários aposentos eram decorados com luxuoso mobiliário e dispostos nos três andares da mansão. Adoradores de arte, colecionavam peças raras adquiridas em leilões. Tinham especial apreço por um esboço de Michelangelo e exibiam com orgulho telas de Caravaggio, Manet e Van Gogh. Sobre a lareira do grande salão podia-se admirar o retrato de madame Sophia pintado por Matisse, o mestre das cores puras. Enfim, ali reinava a riqueza material, mas também se cultivava a harmonia espiritual.

Eu trabalhava com eles havia quase um ano quando conheci Leandro. O jovem pintor era filho da única irmã de doutor Marcel, que residia em Lyon. Logo que cheguei, naquela manhã, fui encontrar-me com o casal, que tomava o desjejum na sala de jantar. Cumprimentei-os, como de costume, antes de subir ao escritório.

– Bom dia, minha jovem! Temos novidades: Leandro chegou ontem para passar uma temporada conosco. Veio de Lyon para tomar aulas com o mestre Matisse – contou doutor Marcel, empolgado.

– Terei muito prazer em conhecê-lo, senhor.

– Certamente, não faltará oportunidade! Bem, minha cara, vamos subir e conferir a agenda do dia. Com licença, querida – continuou ele, beijando carinhosamente sua esposa. Era sempre um *gentleman* com sua amada Sophia.

O escritório ficava no primeiro andar e era muito bem equipado. A minha função era lembrá-lo de todos os seus compromissos, selecionar a correspondência, remeter cartões, cartas e também cuidar da agenda particular de madame, sempre repleta de reuniões sociais e beneficentes. Além disso, uma de minhas tarefas preferidas era datilografar os estudos científicos do eminente médico, quando tinha a oportunidade de assimilar conhecimentos profundos da área médica.

Repassamos os compromissos do dia. Ele o iniciava com visitas domiciliares à sua clientela carente e, em seguida, atendia em seu consultório particular. Após sua saída, fui à procura de madame, com o intuito de lhe oferecer meus préstimos. Como não a encontrava em parte alguma, passei pela cozinha. Lá encontrei minha amiga Esther, a antiga cozinheira da família. Sempre alegre, vivia fazendo graça e nunca aparentava insatisfação.

– Olá Louise, que bom vê-la. Estava pensando em você justamente agora. Preciso ir ao mercado urgentemente! Poderia vigiar meu assado, por favor? Juro que volto logo.

– Pode ir, Esther, pois não achei madame Sophia e estou mesmo desocupada.

– Ah, você é um anjo! – Exclamou ela, saindo em seguida.

Ela era ágil até demais para seu excesso de peso. Fiquei perto do forno e pude sentir o cheiro delicioso da carne que estava assando. Aliás, tudo o que Esther fazia era saboroso. Uma tentação! Passados uns trinta minutos, estava tão distraída que levei um susto quando a porta se abriu de repente.

– Não resisti ao aroma e vim espiar o que você está fazendo... Espere, mas você não é a Esther!

Virei-me e deparei com um rapaz bonito e alto. Logo imaginei ser o sobrinho do casal e apresentei-me.

– Muito prazer! Sou Louise, a secretária.

– Ora, então você é a secretária! Imaginei que seria idosa e obesa, como Esther – disse ele, rindo maliciosamente.

Senti seus olhos sobre mim, analisadores. Mesmo não gostando de sua expressão cínica, sabia que ele era como um filho para o casal e decidi agir com diplomacia:

– Estou na cozinha aguardando a volta de Esther. Mas se estiver precisando de algo, posso ajudá-lo, senhor.

Nesse mesmo instante, Esther entrou na cozinha carregando vários pacotes.

– Em que posso servi-lo, senhor Leandro? – Perguntou ela, enquanto colocava as compras sobre a mesa.

– Na verdade, vim saber que cheiro delicioso é este! Não vejo a hora de me deliciar novamente com as suas refeições, Esther.

– Obrigada, senhor. Estou preparando uma carne com molho de cogumelos e uma massa *al dente*, como bem sei que o senhor gosta.

Enquanto conversavam, pedi licença e saí discretamente, pois já estava na minha hora de almoço. Minha rotina era cansativa: devia estar bem cedo no trabalho e costumava almoçar em casa. Ao final do expediente, fazia um lanche na mansão e ia direto dali para a faculdade, que ficava bem próxima. Assim, todas as tardes Esther deixava uma mesa arrumada com deliciosas guloseimas, cortesia de meus bondosos patrões. Naquele mesmo dia, à tarde, estava na cozinha saboreando seus bolos e *croissants* enquanto conversava com ela:

– Ah, logo estarei gorda! – Exclamei enquanto sorvia um delicioso chocolate quente.

– Imagine, Louise! Você nunca ficará igual a mim, que mais pareço uma baleia – respondeu ela, balançando seu pesado corpo comicamente.

Estávamos falando e rindo despreocupadamente quando a porta se abriu de repente. Era Leandro. Ele foi logo se sentando à mesa e eu quase engasguei.

– Aqui estou novamente, Esther. Sabe que não resisto mesmo a seus quitutes.

– Fico lisonjeada, senhor – agradeceu ela, enquanto o servia.

– Mas também estou aqui para falar com você, Louise. Vim convidá-la para um passeio, pois me sinto muito só aqui em Paris. E não me diga que não deve, porque trabalha para meus tios. Saiba que já falei com eles. Não tem escolha, sua recusa será considerada uma ofensa! – Exclamou ele.

"Meu Deus, e agora, o que fazer? Como escapar daquela situação inesperada? Se o casal havia concordado é porque contavam com minha afirmativa. Mesmo não tendo simpatizado com o jeito arrogante do rapaz, mais uma vez usaria de diplomacia em consideração ao casal Savoirréc."

– Bem, senhor Leandro, o fato é que freqüento uma faculdade todas as noites e...

– Eu já sei. Posso levá-la de carro e enquanto isso conversamos. Ora, somos jovens, senhorita, e estamos em Paris! – Insistiu ele.

Esther me olhou de soslaio, meneando a cabeça. Minha situação era delicada: se rejeitasse, poderia ofendê-los. Aceitando, tinha receio de que Leandro me confundisse com uma jovem de suas relações. Sem saída, acabei embarcando no carro esporte último tipo do sobrinho dos patrões. Mas comecei a me arrepender logo que ele aumentou a velocidade do automóvel e tomou direção oposta à da faculdade. Quando protestei, ele disse:

– Ora, vamos apenas dar um curto passeio, senhorita. Confie em mim!

Enquanto dirigia, foi me falando sobre sua vida. Ele era filho único de um casal de posses e nunca precisara trabalhar. Estudava na Escola de Belas Artes de Lyon e negociava suas ações na Bolsa de Valores. Seu maior desejo era ser reconhecido como pintor de talento e não poupava esforços nem dinheiro para tanto. Conseguira participar das aulas de Matisse após boa oferta, assim teria a rara oportunidade de aprender sua técnica perfeita.

O jovem sedutor sabia como agradar uma mulher. Parou o automóvel diante de um restaurante requintado, desceu e abriu a porta com uma mesura.

– Por favor, senhorita!

Entramos em um ambiente sofisticado e romântico. Um afinado cantor entoava lindas melodias, acompanhado por uma pianista. Sentamos e finalmente consegui relaxar um pouco. Conversando, descobrimos que tínhamos gostos parecidos relacionados à arte, à literatura e à música. Sem perceber, fui me deixando hipnotizar pelos belos olhos azuis de Leandro e nem senti o tempo passar.

– Lembrei-me! Já sei com quem você se parece! Certamente já visitou o Museu do Louvre e viu as telas de Rafael. Em uma delas está retratada uma linda donzela de traços delicados e olhar angelical. Você é igual a ela!

– Apesar de não me lembrar de tal pintura, considero a comparação um elogio. Obrigada!

– Vamos, deixe de modéstia. Tenho certeza de que está acostumada a ouvi-los. Afinal, é uma bela mulher! Confesso que, desde a manhã quando a vi pela primeira vez, fiquei imaginando se você posaria para mim.

Jamais pensaria em tal possibilidade. Certamente recusei o convite, pois não convinha favorecer relações de maior intimidade entre nós. Ao contrário, após aquele inesperado jantar, pretendia evitá-lo. Percebi que ele era o tipo de rapaz impetuoso e temia que pudesse exceder os limites da conveniência. Após a sobremesa, pedi que me levasse direto para casa, pois já havia perdido as aulas. Quando paramos diante de minha casa, ele desligou o motor do carro.

– E então, vamos combinar algo para amanhã? – Perguntou ele, com o rosto bem próximo ao meu. Naquele instante percebi com clareza que ele parecia se divertir comigo, talvez por me achar boba e antiquada.

– Sinto muito, mas realmente o trabalho e os estudos tomam-me todo o tempo. Ademais, não acho correto encontrar-me mais de uma vez com o sobrinho de meus patrões. Não é do meu feitio.

Ele deu uma gargalhada.

– Não seja tolinha! Eles nem precisam saber. Eu prometo não lhes contar que nos beijamos – disse ele, puxando-me pelo braço e aproximando sua boca da minha. Para sua decepção, fui mais rápida e desviei o rosto. O beijo foi dado na face, mas assim mesmo não pensei duas vezes antes de falar:

– Pois está muito enganado comigo, senhor Leandro! Não sou uma qualquer e tenha uma boa noite!

– Ah, como eu adoro as mulheres geniosas. Elas me deixam louco! – Continuou ele, rindo cinicamente.

Não esperei sequer mais um minuto para sair do carro. Indignada com tamanho atrevimento, entrei em casa sem olhar para trás. Procurei não fazer barulho, pois meus pais dormiam. Sabendo que eu não dormiria logo, fui à cozinha para tomar um chá. Agora não restavam mais dúvidas de que Leandro só queria se divertir comigo. Eu precisaria ser muito diplomática para não deixar que tal incidente desagradável atrapalhasse meu trabalho.

No dia seguinte, voltei à mansão no horário habitual, disposta a enfrentar o insensato conquistador. Ao chegar, encontrei madame passeando com seu casal de *poodles*. Eu adorava animais e acariciei os cãezinhos, que latiram de satisfação.

– Bom dia, Louise! E então, como foi o passeio de ontem? – Quis saber ela, de imediato.

Tive ímpetos de revelar a verdade, mas precisava ser cautelosa, pois adorava trabalhar na mansão. Ademais, seria a palavra dele contra a minha, e os tios o adoravam. Portanto, acreditariam nele e eu seria despedida.

– Foi bom – menti sem olhar para ela.

– Mas então, que voz é esta? Parece-me apreensiva.

– Ah, estou com saudades de minha família! Felizmente, logo estarei com eles em Marselha – menti, tentando disfarçar a verdade.

– Bem sei como se sente. Não há um dia em que eu não relembre meus parentes. Sinto tanta falta deles, da alegria, da casa cheia. Só Deus sabe o quanto desejei ter a casa cheia de filhos, barulhenta e movimentada!

Madame não conseguia disfarçar a tristeza sempre que falava desse assunto. O casal tentou por várias vezes ter filhos, mas todas as tentativas fracassaram. Depois de esgotarem todos os recursos médicos, madame quis adotar uma garotinha, mas esbarrou nos princípios religiosos de seu marido. Doutor Marcel acreditava que se Deus não havia lhes dado filhos, deviam aceitar Seus desígnios. Desde aquela época, ela desistira definitivamente de seu sonho, em respeito à vontade de seu amado marido. Em compensação, visitava com freqüência inúmeras crianças de orfanatos. Eu podia ver de perto, em todas as nossas visitas, o quanto ela adorava aqueles pequenos. Além de fazer polpudas doações, ela brincava com eles como se fosse uma criança também. Evidentemente, eles a adoravam e sempre pediam para tê-la como mãe. Enquanto ela estava entre eles, demonstrava só alegria. Mas era só entrar no carro para deixar fluir sua dor em um pranto silencioso e discreto.

Continuamos a caminhar pelo jardim até que avistamos o doutor Marcel ao lado de seu sobrinho. Ao vê-la, ele exclamou:

– Sophia, venha ver o que Leandro está pintando!

Antes de ir ao seu encontro, ela enxugou uma lágrima furtiva.

Mais tarde, pude ver do escritório o carro de Leandro saindo. Aproveitei então para transitar pela mansão, sem correr o risco de encontrá-lo. O jardim estava tão lindo que convidava a um passeio. Também adorava plantas e costumava caminhar entre elas, aspirando-lhes o aroma. Sentei-me embaixo de um caramanchão e fechei os olhos. O silêncio me permitia ouvir o canto dos pássaros e o balanço das folhas. Entreguei-me àquele momento pleno de paz e relaxei por completo.

– Um vintém por seus pensamentos.

Abri os olhos e deparei com Jofre, o jardineiro da mansão. Assim como sua esposa Esther, ele servia ao casal havia anos, com fidelidade e amor. Era um homem íntegro, honesto e de admirável caráter. Saudei-o sorrindo, pois adorava conversar com ele e principalmente ouvir suas sábias palavras.

– Como vai? Parece-me preocupada esta manhã.

Devia mesmo estar aparentando ansiedade, pois era a segunda pessoa a me dizer isso.

– Dificuldades da vida! Mas nada que o contato com a natureza não resolva.

– Isto é uma verdade. Sou um privilegiado por fazer o que gosto. Sinto prazer em remexer a terra, lançar as sementes, adubar e vê-las florescer. Enfim, este jardim é a minha vida!

– E quando chega a primavera, então, que encanto! Espero-a com impaciência só para admirar suas flores. Aquelas roseiras são as minhas preferidas.

– São de uma espécie rara. O primeiro botão será seu, prometo! Quem sabe assim consigo um belo sorriso?

– Impossível resistir ao seu charme, Jofre. Esther que o diga, não é mesmo? – Respondi, sorrindo em resposta. Só de falar com ele, sentia-me melhor. Resolvi desabafar revelando-lhe o motivo de minha angústia. Como bom conselheiro, ele me ouviu atentamente. Terminei o relato e perguntei sua opinião sobre o desagradável acontecimento. Ele pensou um pouco antes de responder:

– Filha, se agiu bem-intencionada e assim mesmo foi mal interpretada, então procure agir ainda mais honestamente.

– Como assim?

– Diga ao jovem conquistador o que realmente pensa.

– Mas, e os Savoirrécs?

– Ah, minha cara, uma das principais dificuldades dos jovens é a insegurança! Como vocês ainda não têm maturidade suficiente para fazer escolhas sem medo, às vezes usam erroneamente seu livre-arbítrio.

– Foi o que aconteceu comigo.

– Então, não permita que aconteça uma segunda vez. A vida nos é dada para, no mínimo, aprendermos uma nova lição a cada dia. Precisamos entender que aqui estamos todos, sem exceção, para aprender a viver e a conviver com os outros. E não despreze um antigo ditado: "Não cometa um mesmo erro duas vezes. Assim não dará chances para que os outros a julguem e a condenem por seus próprios erros...".

3

Encontro de amor

A UNIVERSIDADE DE SORBONNE ERA UMA DAS MAIS antigas da França. Instalada em um belo prédio do século dezessete, servia, em seu início, apenas a estudantes de Teologia. Devido à sua reconhecida competência em transmitir conhecimentos, logo se tornou uma das melhores da Europa. Cursando o último ano de Letras, eu adorava o clima alegre e agitado do campus. Ali era o lugar ideal para os que buscavam a efervescência do saber e a atualidade das idéias. Fora do horário das aulas, costumava ir à biblioteca para me dedicar a um de meus passatempos preferidos: a leitura. Gostava de tudo, desde livros didáticos até romances, que me transportavam a outras épocas por meio de suas páginas. Naquela noite, procurei sentar-me em uma mesa bem ao fundo, para me concentrar na leitura de um livro de Alexandre Dumas Filho[4].

4. Alexandre Dumas Filho: escritor francês, nascido em Paris, começou escrevendo novelas e terminou por se dedicar exclusivamente ao teatro, tendo apresentado obras habilmente arquitetadas, que têm freqüentemente uma finalidade moralizadora, como *A dama das Camélias*, *Meio mundo* e outras (1824-1895) (N.E.).

Absorta, desliguei-me do movimento à minha volta e mergulhei na agradável leitura. Passado um certo tempo, fui interrompida:

– Esta é a razão de ser a mais erudita da sala!

Virei-me surpresa e deparei com Gustav, um colega de curso. Fiquei admirada, pois ele era muito circunspecto e avesso a conversas com os colegas. Dotado de invejável inteligência, sobressaía-se em todos os debates, mas se mantinha distante do burburinho e desaparecia ao final das aulas.

– Desculpe-me se a incomodo. Tenho procurado a melhor oportunidade para me aproximar, mas posso esperar um pouco mais.

Era a primeira vez que o via de tão perto e achei-o bonito. Tinha olhos castanhos e profundos, valorizados por uma tez morena e fartos cabelos ondulados. Mas tinha algo mais, um charme incomum, peculiar às pessoas carismáticas.

– Ora, somos colegas de classe, sinta-se à vontade.

– Na verdade, receio ser inconveniente conversarmos aqui. Olhe em volta – disse ele.

Realmente, estávamos sendo alvo de olhares de reprovação. Nossa conversa, mesmo em tom baixo, certamente estava incomodando os outros leitores.

– Vamos para outro lugar – sugeri, murmurando.

Saímos e sentamo-nos em um dos bancos do pátio central. Esperei que Gustav retomasse o assunto, curiosa por saber o que diria.

– Enfim, aqui estou conversando com a aluna mais inteligente e bonita da classe – elogiou ele.

Fiquei admirada com sua sinceridade, mas ainda mais com seu sorriso, que era encantador.

– Que exagero! Sou apenas uma aluna dedicada. Já você, sim, certamente é o melhor aluno.

– Diria que sou um bom ouvinte. Mas também sou ótimo observador e não deixei de notá-la desde a primeira vez em que a vi.

– Ora, mas quanta demora para se apresentar informalmente! Faz quase três anos...

– Mantenho-me reservado por ter algumas dúvidas.

– Que tipo de dúvidas?

– Muito bem, creio que você é diferente. Mas que reação teriam os colegas se soubessem que sou judeu?

Sua franqueza surpreendeu-me.

– Mas que diferença faz pertencer a uma etnia ou religião diferentes? Fala sério mesmo sobre manter-se afastado por medo das reações?

– Não, senhorita, medo nunca! Apenas precaução. É que estou acostumado a ouvir impropérios por essa razão. Mas falemos de você. É muito mais agradável – sugeriu ele.

Gustav continuou a falar. Mal reconhecia no rapaz ao meu lado o sisudo de antes. Ele era até risonho e tinha ótimo senso de humor. Sabia muito sobre mim e, segundo dizia, queria saber ainda mais. Aos poucos, vi outro homem revelando-se à minha frente. Apesar de perplexa com sua mudança, preferia-o assim.

– Céus, mas você conhece inclusive meus autores preferidos! Como conseguiu essa façanha?

– Tenho meus informantes – respondeu ele, fazendo mistério.

– E quanto a você, não vai revelar-me seus segredos?

Sua expressão mudou, seus olhos nublaram-se e ele abaixou a cabeça.

– Temo entristecê-la com minha história, Louise. Mas estou precisando falar com alguém, pois me sinto muito só.

– Parece-me preocupado. Trata-se de algo grave?

Ele titubeou, parecendo comovido. Após alguns segundos de apreensão, finalmente iniciou seu relato.

– Bem, minha vida nem sempre foi tão solitária. Nasci em Berlim, no início do século, numa família de origem judia. Prósperos e trabalhadores, meus parentes adquiriram numerosos bens na capital alemã, como casas de aluguel e comércios. O impacto do enriquecimento e do aumento da população judaica na capital alemã provocou reações diversas. Alguns rejeitavam nossos hábitos e nossa aparência, outros admiravam nossa capacidade de trabalho e ascensão. No entanto, não demorou muito a surgirem perseguições, que evoluíram de um ódio mudo para atitudes francamente hostis. Para fugir às ameaças, alguns se converteram ao catolicismo, renunciando às suas origens por meio do batismo cristão. Outros, mais ortodoxos, conservaram suas tradições religiosas sem retoques. Mas o pior estava por vir. Com a eleição de Adolf Hitler[5], nossa vida transformou-se em pesadelo. Foram decretadas várias leis discriminatórias, que, entre outras coisas, impediam os judeus de concorrerem a cargos públicos e de exercerem suas profissões liberais. Formado em direito, eu estava no auge de minha carreira e atendia diversos clientes em meu escritório particular. Sentindo-me pressionado, resolvi exilar-me voluntariamente aqui em Paris, onde todos gozam de liberdade plena de idéias e de movimento.

Por instantes, eu nada disse, chocada com a situação. Aos poucos, consegui sair de meu torpor para enfrentar a dura realidade. Tinha lido artigos nos jornais que relatavam as perseguições do governo alemão às minorias negras, homossexuais e, principalmente, a clara discriminação à população judaica. Segundo afirmava o repórter, Hitler considerava-os "raças inferiores", referindo-se inclusive aos deficientes físicos.

– Louise, o que aconteceu? Por que ficou calada? Tinha certeza de que reagiria assim. Até parece que a conheço há muito tempo.

---

5. Adolf Hitler: o *Führer* (líder) do Partido Nacional-Socialista dos Trabalhadores Alemães – NSDAP, mais conhecido como Partido Nazista (N.E.).

Sua frase despertou-me. Olhei para ele com carinho, pois também me pareceu que éramos velhos amigos. Segurei-lhe a mão, apertando-a levemente.

– Meu caro, nada de solidão daqui para frente. Pode considerar-me sua amiga e confidente.

– Na verdade, pretendo algo mais! Quanto à solidão, creio que é o pior castigo para quem abandona o lar. Digo isso porque, na verdade, sinto-me culpado por ter vindo a Paris. Por outro lado, não foi em vão. Tenho uma pequena casa e estou arrumando acomodações para toda minha família se for necessária uma fuga de Berlim.

– Acredita mesmo nisso? Acha que o regime chegará a esse ponto?

– Teoricamente não, mas nunca se sabe o que Hitler fará na prática.

Gustav contou então que temia um confronto armado, pois ele mesmo chegou a ver desfiles do batalhão armado do governo ostentando seu poderio bélico. Tudo acontecia sem que os cidadãos se opusessem. Ao contrário, segundo ele, a população delirava.

Estava ficando tarde e ele insistiu em me levar de táxi até minha casa. Na verdade, nossa conversa fluiu tão naturalmente que eu nem tinha percebido o tempo passar. Parecia mesmo que tínhamos muitas afinidades.

– Boa noite, senhorita!

– Boa noite, Gustav, e obrigada pela agradável companhia. Venha à minha casa visitar-me. Será um prazer recebê-lo para um chá.

– Tenha a certeza de que voltarei – despediu-se ele, beijando-me a mão.

Entrei em casa sentindo uma leveza diferente. Parecia estar vivendo um sonho. Gustav era tão encantador, cavalheiro, brilhante!

Enfim, um *gentleman* comparado a Leandro, que era tão arrogante e sarcástico. Confesso que depois daquele encontro mal podia esperar para rever Gustav novamente.

Na manhã seguinte, quase me atrasei para o trabalho. Cheguei em cima da hora e, como não encontrei o casal na sala de café, fui falar com Esther na cozinha. Ela estava concentrada preparando uma massa e amassava a mistura de farinha, ovos e manteiga sobre o mármore da mesa. Segundo contava, tinha aprendido os segredos da cozinha com sua mãe e não os revelava a ninguém, pois eram herança de família.

– Bom dia, querida! Desista de procurá-los, pois saíram todos e não voltarão para o almoço.

– Então, ao trabalho! O arquivo precisa ser organizado urgentemente! "O bom empregado é o que não espera ser mandado", diz meu sábio pai! – Exclamei, apertando-lhe as bochechas vermelhas e suadas.

– Ora, mas que travessa! Louise, você não me engana, está mais alegre hoje do que de costume. Vamos, conte-me se tem novidades...

– Pois ficará morrendo de curiosidade!

– Volte aqui, não faça isso comigo, Louise! – Suplicou ela, mas eu já estava no meio da escada.

Como era sábado, trabalhava apenas no turno da manhã. Às vezes, gostava de voltar para casa caminhando para apreciar o movimento do centro da cidade. Havia música nos cafés e nas confeitarias, e artistas anônimos expunham seus trabalhos nas calçadas. Muitos pintores famosos começaram sua carreira assim. Chegando a casa, deitei-me para descansar um pouco. Passado certo tempo, mamãe despertou-me, dizendo que uma visita esperava-me na sala.

– Ora, mas quem pode ser? – Perguntei ainda sonolenta.

– Apresentou-se como seu colega de aula. Seu nome é Gustav!

Senti o coração pulsar mais forte. Procurei recompor-me depressa para não deixá-lo esperando. Feliz com a surpresa, encontrei-o na sala conversando animadamente com papai.

– Mas que prazer! – Exclamei, estendendo-lhe a mão.

– Boa tarde, Louise! Tomei a liberdade de vir e já tive a honra de conhecer seus pais.

– É mesmo muito bom tê-lo conosco – continuei.

– Sente-se rapaz. Toma um vinho? – Ofereceu papai.

– Sim, obrigado. Bem, na verdade, vim até aqui para convidá-los, os três, a assistirmos ao espetáculo desta noite no Teatro Champs-Elysées. Ficaria feliz em ter a companhia de vocês.

– Mas que idéia excelente! Adoro espetáculos teatrais. E quem é o artista? – Perguntou mamãe, empolgada.

– Trata-se de uma cantora que está despontando para o sucesso. Seu nome é Edith Piaf[6].

– Claro, a pequena notável! Teremos muito prazer em acompanhá-lo, não é Louise? – Perguntou mamãe.

– Evidentemente, será uma ótima oportunidade para conhecermos de perto a "voz de ouro" – respondi.

– Então podemos combinar assim: eu irei para lá mais cedo e comprarei os ingressos. Em seguida, venho buscá-los.

– Combinado! – Exclamei, encantada com a gentileza de Gustav. Certamente, ele também agradara a meus pais com suas boas maneiras.

No horário combinado, Gustav estava à porta de casa esperando-nos em um carro alugado e logo estávamos no Teatro Champs-Elysées. Seu belo prédio era considerado uma obra-prima

6. Edith Piaf, (1915-1963): cantora parisiense. Sua voz potente e seu estilo expressivo ao interpretar canções como *Je ne regrette rien* e *La vie en rose* garantiram-lhe grande número de admiradores. Incentivada pelo ator Maurice Chevalier, atuou também em filmes, comédias e operetas (N.E.).

da arquitetura moderna. Logo na entrada, via-se um cartaz com a foto de Edith Piaf. Nossas cadeiras eram numeradas e ficamos bem próximos ao palco. A cortina de veludo vermelho escondia a movimentação que acontecia no palco e era grande o burburinho de pessoas indo e vindo. Certamente, aquela seria uma noite inesquecível.

– Seus pais são encantadores! Na verdade, fizeram-me lembrar os meus, a mesma simpatia, os mesmos cabelos brancos...

– Bem, agora já pode contar com uma família francesa. Você os cativou.

– Espero que seja mesmo verdade, mas duvido que eles estejam mais felizes do que eu, pois a tenho ao meu lado.

Começava a conhecer Gustav. Quando queria, sabia ser galanteador, sem rodeios. Era direto com elegância. As cortinas se abriram. O palco ficou todo iluminado, tendo ao fundo a orquestra em pose solene. Surgiu então Maurice Chevalier, uma figura muito conhecida por ser um grande nome do teatro contemporâneo. Os parisienses o glorificavam. Com um sorriso irresistível e muito entusiasmo, ele anunciou Edith Piaf. Finalmente, ela surgiu vestindo um elegante redingote de veludo negro e salto alto da mesma cor. Trazia os cabelos cortados bem curtos e pouca maquiagem. Era de baixa estatura, mas tinha uma grande presença de palco. Impressionava bastante por seu brilho próprio, que dispensava adereços. Aproximou-se do microfone e cumprimentou a platéia, que a aplaudiu vigorosamente.

Quando entoou *La vie en rose*, fiquei extasiada. Sua voz era cristalina, afinada, envolvente. Conseguia dar grande emoção às canções, pois parecia emprestar sua alma à música. Ao final da apresentação, ela foi aclamada. O palco ficou repleto de rosas, de todas as cores, as quais ela recolhia e agradecia com beijos.

Lá fora, a noite estrelada convidava a mais diversão. Gustav convidou-nos para ir a um café, mas meus pais preferiram despedir-se ali mesmo.

– Obrigado, meu rapaz. Se Louise quiser ir, não me oponho, pois minha experiência diz-me que você é um jovem honesto e de bom caráter. Marie e eu vamos embora, mas desde já o convidamos para voltar à nossa casa.

– Agradeço o convite e a confiança – respondeu ele, orgulhoso.

Paris era uma festa nos fins de semana! Passamos por bares lotados, cheios de alegria e música. As pessoas conversavam animadamente, fazendo gestos e rindo alto. Um casal de turistas pediu-nos informações: queriam saber onde ficava o Moulin Rouge[7]. Depois da Torre Eifell[8], esse era um dos pontos turísticos mais procurados da cidade.

– Venha, vamos entrar ali – sugeriu Gustav.

Era um elegante café-bar, com mesas e cadeiras feitas de material requintado. Escolhemos um lugar que nos permitia observar o movimento da rua. Pude perceber que Gustav era cumprimentado por quase todos os que entravam no bar.

– Este é o café Tribuné. Seu dono é um advogado muito conhecido. Gosta do local?

– Muito. Pela sua acolhida, deve vir muito aqui, não é?

– Sempre. Mas esta é a primeira vez que venho tão bem acompanhado.

O ambiente era descontraído. Gustav comentou que a maioria dos freqüentadores eram advogados e que ali era um ótimo lugar para trocar informações profissionais. Mas também era um lugar para

7. Moulin Rouge: cabaré localizado no distrito parisiense de Montmartre (N.E.).
8. Torre Eiffel: construída como símbolo da paz em 1889, foi projetada pelo engenheiro Gustave Eiffel. É uma obra-prima da tecnologia do século dezenove (N.E.).

se divertir. Gustav pediu um suco e enquanto o degustávamos, ele contou-me sua trajetória em Paris. Quando chegou, não conhecia ninguém, a não ser alguns patrícios que lhe ofereceram moradia e alimentação. Assim, logo que pôde, alugou uma casa para morar sozinho. Tinha, inclusive, uma fiel empregada que tomava conta de tudo. Aos poucos foi ficando conhecido, pois obteve êxito defendendo algumas causas consideradas perdidas. Foi o que bastou para que seu escritório ficasse cheio de clientes.

Enquanto ele falava, eu sentia que um sentimento mais forte estava nascendo entre nós.

– Fico feliz por suas conquistas. Não tenho dúvidas de que vencerá por esforço próprio.

– Sou obstinado. Quando quero algo, luto para conseguir. Tudo o que tenho é fruto de muito trabalho e dedicação.

– Acho que tudo o que obtemos por esforço próprio tem mais valor.

– Somos muito parecidos. Um brinde ao nosso encontro! – Exclamou ele, levantando a taça.

Naquele instante, um rapaz se aproximou de nós. Gustav apresentou-me, era seu amigo Antoine, um jornalista promissor e falante, que me pareceu levemente embriagado.

– Ora, mas veja só. Hoje você nem ligou para os amigos... Mas lhe dou toda a razão, pois sozinho poderá apreciar melhor tão bela companhia.

– Ora, meu amigo, bem sabe quem é Louise. Já lhe falei sobre ela.

– Então é esta sua colega de faculdade? Na verdade ele é seu admirador confesso e se me permite dizer, a senhorita é mesmo muito bela! Bem, com licença, estão me esperando, pois estou com amigos e vamos a um clube de dança. Não querem vir conosco?

– Outro dia, meu amigo. Divirtam-se!

– É o que faremos. Boa noite, senhorita, foi um prazer conhecê-la pessoalmente – despediu-se, beijando-me a mão. Achei-o muito simpático e espontâneo.

Ficamos no bar conversando. Logo em seguida, Gustav levou-me para casa. Enquanto o motorista esperava, ele disse:

– Seria atrevido se a convidasse para sair comigo novamente?

– Certamente que não, pois foi uma ótima noite! – Respondi sorrindo.

Ele me fitou longamente. Depois, afagou-me os cabelos com carinho e beijou-me o rosto.

– E agora entre, minha linda e meiga senhorita – despediu-se ele.

Naquela noite, demorei a dormir, pois as últimas horas tinham sido intensas e surpreendentes. Quando finalmente adormeci, sonhei...

4

Trágicas lembranças

"O CAMPO FLORIDO ESTENDIA-SE POR UMA REGIÃO levemente acidentada e tinha ao fundo um pequeno riacho cristalino. Eu vestia um traje campestre e tinha ao meu lado o mesmo homem misterioso dos outros sonhos. Parece que podia sentir o calor de nossas mãos unidas. Repentinamente, surgiu a cigana jogando-se aos pés de meu amado:

– Perdoe-me, não sabia o que estava fazendo, agi movida pela paixão. Você me desprezou por causa desta mulher. Meu nome é Sarah, sou filha de nobres ciganos e costumo ter tudo e todos que quero! Amo você e odeio esta mulher! Por culpa dela, matei meu próprio filho – bradou, cuspindo no chão.

Petrificada, não consegui sair do lugar. Naquele momento, surgiu um rapaz de feições muito parecidas com as de Sarah.

– Covarde! Se é digno, lute comigo até a morte! Em nossa cultura, a desonra é lavada com sangue – desafiou ele.

Para meu desespero, os dois homens colocaram-se em posição de duelo."

Acordei gritando, desesperada. Abri os olhos com dificuldade e vi meus pais à beira da cama.

– Filha, sente alguma coisa?

Aturdida, mal conseguia falar. Desatei num choro convulsivo. Aos poucos, fui tentando controlar-me e respirei fundo.

– Mas o que a fez sofrer tanto? – Perguntou papai.

– Ah, não queria assustá-los, tive mais um daqueles sonhos...

– Estamos aqui, filha, não tenha medo – disse mamãe, segurando minhas mãos geladas.

– Não consigo livrar-me desse pesadelo.

– Não se desespere tanto, minha filha, são apenas sonhos ruins. Agora relaxe, ficarei ao seu lado rezando até que durma.

Procurei relaxar, enquanto ouvia o sussurro das preces acalentadoras que mamãe repetia em voz baixa e compassada...

Acordei tarde no domingo. Fiquei um bom tempo na cama, refletindo um pouco. Recostei-me nos travesseiros com *O Livro dos Espíritos* e concentrei-me. Abri no capítulo oito, cujo título era "Da Emancipação da Alma" e o subtítulo, "O Sono e os Sonhos". Ali dizia que os sonhos dão oportunidade aos espíritos de se desprenderem da matéria por meio do desdobramento e que também podem trazer mensagens e previsões, que costumam mesmo ser revivescências de vidas passadas. Um dos trechos mais tocantes era:

"Deus quis que em contato com o vício eles pudessem se renovar na fonte do bem, para não mais falharem, eles que vêm instruir os outros. O sono é a porta que Deus lhes abriu para entrarem em contato com seus amigos do céu...[9]"

E os pesadelos? Seriam más lembranças de outras vidas?

Como sempre fazia aos domingos, saí para caminhar pelos arredores de casa, aproveitando para passar pela igrejinha da praça. Como estava vazia àquela hora, o ambiente era propício à meditação. Comecei a orar para todos os entes queridos, para os doentes e os errantes. Na verdade, nada tinha a pedir em meu benefício, mas apenas a agradecer. Envolvida em fluidos de paz e de serenidade, deixei-me ficar em estado de contemplação. Admirei os vitrais que, um a um, contavam a saga de Jesus, do julgamento à Ressurreição. Fazia sempre isso como estímulo para seguir meu caminho, pois nenhum de nós jamais passou por tantos testes e sacrifícios quanto ele.

Saí da capela e sentei-me no banco da praça. Distraída, observava as crianças brincando quando alguém se aproximou de mim. Era um senhor muito simpático, que se vestia com a elegância de um nobre. Tinha os olhos vivos e brilhantes, a testa larga e um certo ar de autoridade. Trazia no colete uma corrente de ouro e segurava uma elegante bengala.

– Bom dia, senhorita – cumprimentou ele, cortesmente.

Eu não costumava conversar com estranhos, mas aquele senhor inspirou-me confiança

– Bom dia, senhor?

– Pablo, muito prazer! Como devo chamá-la?

– Louise.

– Belo nome. É, parece que teremos um inverno rigoroso este ano. Por mais que tente, não consigo acostumar-me ao frio intenso. Deve ser porque nasci em um país de clima quente.

---

9. KARDEC, Allan. *O Livro dos Espíritos*. Capítulo 8, questão 402. São Paulo: Petit Editora (N.E.).

– Notei mesmo que o senhor tem sotaque espanhol.

– Boa observadora! Nasci em uma região onde o Sol brilha quase o ano todo. Já ouviu falar em Navarra?

– Sim, fica na interseção entre França e Espanha, não é? Os lá nascidos são denominados bascos.

– Isso mesmo. Gosto tanto daquela terra. Não teria mudado de lá se não fossem as circunstâncias – continuou ele.

Em seguida, tirou o relógio do bolso e olhou as horas. Pediu permissão para se sentar ao meu lado e ficou alguns minutos fitando ao longe. Parecia estar revendo o passado. Sem saber ao certo o que dizer, também permaneci em silêncio. Foi ele quem recomeçou a conversa:

– Ah, quanto tempo se passou...

– Parece pesaroso.

– São as lembranças, minha cara jovem. Na verdade, trágicas lembranças.

Assim, sem rodeios, ele fixou novamente os olhos no infinito e iniciou sua história. Tinha nascido em uma vasta propriedade rural, onde moravam seus pais e sua única irmã, Tereza. Abastados, tinham vários empregados que cuidavam da casa e das plantações. Viviam em paz. Quando completou quinze anos, teve o que chamou de primeira das várias premonições que viria a ter. E era algo terrível: sonhou com um massacre, uma família inteira sendo cruelmente assassinada. Nada contou a ninguém, mesmo porque não sabia ao certo se tinha sido apenas um pesadelo. Era muito ligado à irmã e, por coincidência, tinham conhecido seus amores na mesma época. Assim, para alegria de seus pais, resolveram marcar o casamento para o mesmo dia. Tereza casou-se com Diogo, um vizinho de terras, e ele desposou Leocádia, afilhada de seus pais. Foram três dias de festa. Continuaram a morar na propriedade, que era muito grande e administrada pela família. Logo vieram os filhos, que foram criados no clima saudável do campo e cresceram livres para descobrir sua própria natureza. Não eram orgulhosos da riqueza e tratavam os empregados com cortesia e justiça, tanto que eles pareciam satisfeitos com os patrões. No entanto, em 1936 o país começou a viver um terrível momento histórico, com uma rebelião insuflada pelo general Franco, que culminou em guerra civil. A situação logo se tornou incontrolável, alcançando todos os cantos do país e atingindo inclusive aquela pacata região. No auge dos conflitos, camponeses revoltados invadiram a propriedade e atacaram com fúria os moradores. Seus familiares ainda lutaram contra os rebeldes, mas foram impiedosamente mortos.

– Se hoje aqui estou contando-lhe esta história, foi por pura sorte. Minha esposa, meus filhos, sobrinhos e eu, tínhamos saído para um passeio e escapamos da chacina. Quando estávamos retornando para a fazenda, fomos avisados por um empregado que havia conseguido escapar a tempo. Desesperados, fugimos pelas montanhas e permanecemos escondidos durante dias. Conrado, nosso fiel empregado, conhecia muito bem a mata e como sobreviver nela. Foi graças a ele que conseguimos chegar à fronteira da França. Foram dias de dolorosa escapada, enfrentando frio, fome e desespero. Quando finalmente pisamos o solo francês é que demos conta do horror que nos havia acometido. Só então fomos chorar os parentes mortos injustamente, pois eram todos de bom coração e não mereciam tal destino. Se pudesse imaginar que aquela profecia era para minha própria família...

Estava estarrecida! Fiquei calada por alguns instantes, até assimilar toda aquela história.

– Sinto muito se lhe causei tristeza, mas lhe conto a pura verdade.

– Não se incomode, senhor. Estava pensando em como se sente sua família aqui na França.

– Este país nos deu abrigo na pior fase de nossa vida. Mas alguns franceses mais nacionalistas torcem o nariz quando percebem que somos espanhóis, pois acreditam que somos todos ciganos.

– Preconceitos ainda existem, infelizmente.

Ele respirou fundo. Em seguida, olhou-me profundamente e perguntou:

– Você também tem premonições?

Estranhei sua pergunta. "Seria algum adivinho?"

– Não tenha medo, Louise, sou apenas um médium, não um bruxo. Isso quer dizer que sou capaz de captar mensagens de espíritos desencarnados e de comunicar-me com eles. No entanto, um médium não é obrigado a desenvolver sua capacidade mediúnica, pois possui livre-arbítrio.

– E por que o senhor o fez?

– Porque comecei a estudar o espiritismo nos livros de Allan Kardec e encontrei muitas respostas para minhas indagações. Uma delas diz respeito ao fenômeno da reencarnação, que explica por que precisamos viver várias vidas. Vivemos em vários lugares, convivemos com nossos amigos e inimigos e passamos por alegrias e tristezas até alcançarmos certa evolução. Só então teremos direito à verdadeira paz de espírito. Acredita nisso?

Pensei um pouco antes de responder. Não queria parecer ignorante perto de um homem tão sábio.

– Confesso que tenho lido algo sobre o assunto. Mas ainda é cedo para tirar conclusões. Bem, está ficando tarde e preciso ir embora, senão meus pais ficarão preocupados. Até logo, senhor Pablo.

– Até breve, senhorita Louise! – Respondeu ele enigmaticamente.

Ao me deitar naquela noite, relembrei a história contada por aquele simpático senhor, que parecia conhecer tão bem os dois lados da vida: o da prosperidade e o da penúria, o do amor e o do ódio.

Na manhã seguinte, como tinha poucas tarefas no escritório fui fazer companhia à madame. Adorava conversar com ela, sempre tão jovial e falante. Quase sempre seu assunto era referente à sua amada família, ou ao seu encontro com o doutor Marcel. Ela contava que tinha sido tão romântico quanto uma história de cinema. Seus olhos brilhavam quando recordava o dia de seu casamento, seu atraso de quase uma hora para chegar à igreja, e a festa para mais de trezentos convidados. Tudo registrado em seu álbum de fotografias muito bem conservado. Enquanto ela falava, eu sonhava com o meu casamento...

– Louise, querida, volte à Terra. Não está me ouvindo? Acaso pensa em seu príncipe encantado? Vamos, diga-me, qual é o motivo de seu devaneio? – Perguntou ela bruscamente.

– Bem, na verdade conheci alguém... Mas ainda é cedo para dizer o que sinto, pois nada sei sobre as coisas do amor, madame – respondi, enrubescendo.

– Se quiser, posso ajudá-la a descobrir.

Confidenciei a ela sobre Gustav. Enquanto eu falava, ela parecia saborear cada detalhe de minha história. Em seguida, comentou:

– Pareceu-me encantador esse jovem alemão: educado, elegante, enfim, um verdadeiro cavalheiro! Mas realmente ainda é muito cedo para saber se este é o seu príncipe encantado. Ouça este soneto de *Os Lusíadas*, de Luís de Camões e entenderá o que é o amor.

Em seguida, com ar teatral, madame declamou:

"Amor é fogo que arde sem se ver;
é ferida que dói e não se sente;
é um contentamento descontente;
é dor que desatina sem doer.

É um não querer mais que bem querer;
é solitário andar por entre a gente;
é um não contentar-se de contente;
é cuidar que ganha em se perder.

É um estar-se preso por vontade;
é servir a quem vence o vencedor;
é um ter com quem nos mata lealdade.

Mas como causar pode o seu favor
Nos mortais corações conformidade,
Sendo a si tão contrário o mesmo Amor?"

Era assim então o amor? Tão sublime e avassalador ao mesmo tempo? Se assim fosse, eu realmente ainda não o havia sentido, mas estava pronta e esperando ser arrebatada pelo mais superior dos sentimentos.

Transcorriam os últimos meses de 1938. O inverno se aproximava, tornando os dias mais curtos e as noites mais longas. Eu trabalhava em ritmo acelerado com o doutor Marcel, enviando cartões e escrevendo longas cartas. Em uma delas, enviada a um amigo da Itália, ele comentava a repercussão política do movimento alemão na França e criticava duramente Mussolini, discordando de sua absurda tendência colaboracionista ao nazismo. Enfim, deixava clara a sua opinião contra a idéia de dominação e eugenia[10]. Eu sentia uma enorme admiração pelo doutor Marcel, sempre tão seguro e de caráter íntegro, à toda prova. Grande homem, praticava a medicina com dedicação e com responsabilidade, tratando as enfermidades do corpo e aliviando as do espírito com a sabedoria dos mestres.

Meu relacionamento com Gustav estava cada vez mais sério. Todas as noites, após as aulas e nos fins de semana, estávamos juntos. Não existia entre nós desconfianças, ciúmes ou brigas. Gustav era maduro e equilibrado, além de ser um perfeito cavalheiro. Enfim, ele era mais do que eu sempre sonhara. Tanto que, quando ele propôs o noivado para o fim de novembro, aceitei radiante. Ele escreveu a seus pais e irmãos para convidá-los, mas infelizmente eles responderam que não poderiam comparecer devido à delicada situação política. Meus familiares também só viriam de Marselha para o Ano-Novo, pois tinham muito trabalho no Natal. Mesmo assim, mantivemos a data, pois seria mesmo uma comemoração discreta e sóbria. Deixaríamos para realizar uma grande festa no casamento, quando então reuniríamos toda a família. Seria tudo muito bem planejado.

Como sempre, Gustav chegou no horário, mas eu ainda estava me arrumando. Deixei-o esperando um pouco na sala, em companhia de meus pais, enquanto terminava a maquiagem. No final, gostei do resultado: vestido de veludo bordô, com sapatos estilo chanel e brincos de rubi que ele havia me dado. Estava elegante, mas sem exageros.

10. Eugenia: teoria que busca produzir uma seleção nas coletividades humanas, baseada em leis genéticas (N.E.).

– Está linda! – Elogiou ele, dando-me um beijo logo que papai e mamãe deixaram estrategicamente a sala.

– Obrigada, meu querido, ia dizer-lhe o mesmo. Que tal uma música? – Sugeri, ligando o toca-discos.

– Ótimo, porque assim poderei dançar com você, meu grande amor.

O jantar estava delicioso. Todos os pratos e até a sobremesa foram caprichosamente preparados por mamãe. Papai ficou encarregado de escolher as bebidas e eu cuidei da decoração da casa e da mesa de jantar. Ao final da ceia, Gustav retirou as alianças do bolso e fez o pedido formal, como era praxe. Emocionados, meus pais selaram o compromisso com um brinde, dizendo:

– Estamos orgulhosos de ter agora mais um filho.

Era impressionante ver a felicidade deles ao darem um abraço em Gustav. Realmente, eles o tinham em grande estima e não cansavam de elogiar o futuro genro. Assim que Gustav saiu, fiquei olhando a aliança em minha mão. Sempre achei que um dia encontraria um homem especial, generoso e íntegro. E não estava enganada. Mesmo tendo demorado um pouco para perceber, finalmente descobrira a paixão justamente por alguém que estava o tempo todo ao meu lado.

De volta ao trabalho, reencontrei Domenico, o mordomo de madame que acabara de chegar de férias. Todo ano ele viajava para a Itália para rever seus familiares.

– Ah, minha querida Louise, voltei renovado. Fui recebido com festas quando cheguei. Mas na hora da partida, quanta choradeira! Sabe como são as famílias italianas, não é? E agora preciso apressar-me. Mal cheguei e tenho de organizar a casa para receber hóspedes. Madame Sophia quer tudo perfeito e sabe que pode confiar em mim. Estará tudo pronto a tempo e hora. Com licença!

À tardinha, como estava previsto, chegou de viagem um casal e sua jovem filha. O senhor Albert era um nobre inglês, que desposara madame Marianne, francesa de nascimento. Tinham uma única filha, Isabelle, uma jovem bonita e elegante. Moravam em Londres, em um castelo herdado por senhor Albert de seus avós que tinham título de lordes. No entanto, o casal e sua filha não mantinham a empáfia que certos nobres costumam sustentar.

– Ora, mas que prazer revê-los. E vejam como Isabelle está bonita! – Exclamou madame, abraçando-os.

– Sejam bem-vindos! – Disse doutor Marcel, cumprimentando-os.

– Mas que honra poder reencontrá-los. O tempo parece não ter passado para vocês, pois estão cada vez mais jovens. E Isabelle, minha cara, como está maravilhosa! – Elogiou Leandro, visivelmente encantado pela jovem.

5

Ameaças da guerra

ELA PARECIA REALMENTE UMA BONECA DE LOUÇA. Sua pele era muito branca, os olhos azuis e o cabelo louro-avermelhado. Tinha um porte altivo, que deixava transparecer segurança, e mãos tão delicadas que pareciam duas asas de borboleta. Observando-os, qualquer pessoa diria que eram feitos um para o outro: bonitos, ricos e sem compromisso. Mas eu bem sabia o que Leandro escondia por trás daquela boa aparência.

Os hóspedes foram conduzidos à sala de jantar para saborearem as delícias de Esther. Pedi licença para me retirar, pois não queria atrasar-me para as aulas. E, é claro, estava ansiosa para reencontrar meu noivo.

Naquela noite, Gustav levou fotos de sua família, e enquanto as mostrava, ia dizendo, emocionado:

– Este é meu pai, um homem trabalhador e dedicado à família. Esta é minha mãe, vê como ela é linda! Estes são

Israel e Raquel, os dois irmãos do meio. Ambos já casados e com filhos. E esta é Hannah, a caçula, tão linda como mamãe!

– É a que mais se parece com você.

– Somos mesmo muito ligados. Foi ela quem me escreveu esta carta, mandando as fotos e contando como está nossa família. Ela também me pediu para lhe enviar uma foto sua. Fiquei preocupado com o relato dela contando que a situação em Berlim está piorando, a sociedade está toda voltada contra os judeus. Meus patrícios foram relegados a cidadãos de segunda classe.

Pude perceber a tristeza em sua voz. Sabia que ele os amava muito e sentia saudades de todos. Procurei espantar o fantasma da solidão enchendo-o de perguntas sobre sua vida, seus costumes e suas boas lembranças. Também perguntei sobre algo que tinha muita curiosidade: se tinha amado alguém antes de mim.

– Ora, Louise, que pergunta!

– Minha intuição é certeira! Ou muito me engano ou você já gostou de outra mulher!

Ele me olhou surpreso. Parecia assustado com minha determinação em saber sobre o assunto, ou melhor, com minha segura afirmação. Ele ainda pensou um pouco antes de responder:

– Está bem, minha doce curiosa, precisa mesmo saber tudo sobre mim. Mudei-me para Paris por duas razões: uma de ordem política e outra de ordem afetiva. Quando era mais jovem apaixonei-me por uma jovem alemã, Dora, de família cristã-ortodoxa, que correspondeu aos meus sentimentos. Evidentemente, quando seus pais souberam que eu era judeu, proibiram nossos encontros. Até mesmo meus próprios pais não aceitavam de bom-grado nosso romance, pois sonhavam em me ver casado com uma jovem de origem judia. Estava pronto o terreno para a discórdia, para o preconceito e para o ódio. Fui até a casa dela e enfrentei seu pai, mas fui recebido muito mal. Ele me escorraçou, humilhou-me, disse que éramos inferiores e que ele jamais permitiria que sua filha se casasse com um semita. Logo depois que ele me expulsou, Dora, desesperada, trancou-se no banheiro e tomou um vidro de tranqüilizantes.

Naquele instante, ele se engasgou, pois precisou conter as lágrimas que quase caíram de seus olhos. Respirou fundo e continuou:

– Quando sentiu sua falta, seu pai arrombou a porta do banheiro, mas era tarde demais. Ela foi encontrada em estado inconsciente. Levada ao hospital, resistiu apenas uma noite. Para mim, foi uma dor dilacerante. Passei a me culpar, a não querer mais viver. Entreguei-me ao desânimo, ao desespero. Abandonei o trabalho e não me importava mais com a família. Para não enlouquecer, resolvi ouvir o sábio conselho de meu pai e mudei-me para Paris. Esse foi o final infeliz de uma história que poderia ter acabado de outra forma, não fossem a intolerância e o orgulho de um homem irracional.

– Ah, meu amor, sinto tanto por você. Desculpe-me se o obriguei a recordar o que não queria.

– Foi melhor assim, Louise. Se você não perguntasse, não sei se seria capaz de tocar no assunto por livre iniciativa. E, afinal, estamos noivos e vamos nos casar. Não podem existir segredos entre nós. Hoje não acredito mais que fui culpado, pois meu único pecado foi lutar por meu amor. Dora queria fugir para bem longe, mas eu achei mais correto falar com o pai dela. Afinal, eu não era nenhum criminoso. Porém, ela era frágil demais, não suportou presenciar aquela cena terrível. Ela deixou um bilhete dizendo que preferia morrer a encarar seu pai novamente. E assim o fez.

Naquela noite, fiquei imaginando o quanto Gustav sofreu por ter perdido seu primeiro amor de maneira tão trágica. Comecei a entender melhor seu olhar de tristeza e sua forma contida de agir. Só quem realmente já perdeu alguém a quem muito amou pode entender tal sentimento.

Naquela noite, adormeci rápido e sonhei com um jovem que se apresentava como meu irmão espiritual. Ele disse-me:

– Minha irmãzinha, quanta saudades! Deixe-me abraçá-la, pois foi difícil suportar a distância. Só agora recebi permissão para estar mais freqüentemente ao seu lado. Estudei muito, aprendi bastante, serei seu guia incansável. Estarei orientando-a em todos os seus passos. Confie em mim!

Fui invadida por uma inexplicável sensação de paz e tranqüilidade, emanadas por aquele jovem que irradiava fachos de luz. Mesmo tendo pouco conhecimento da Doutrina Espírita eu sabia que era um privilégio poder ter por companhia um espírito que me pareceu tão elevado. Acordei inspirada, feliz e cantarolando. Logo que cheguei à casa do doutor Marcel precisei fazer companhia à Isabelle que queria ir às compras. Ela justificou:

– Sabe o que é, Louise, eu adoro conversar e temos a mesma idade. Assim poderemos falar de assuntos de nosso interesse.

Evidentemente, eu a acompanhei de bom grado, pois a achava meiga e delicada. Enquanto o motorista nos conduzia, ela contou-me um pouco de sua vida:

– Então não conhece a Inglaterra? Ah, precisa conhecer! Vai adorar ver o Palácio de Buckingham e assistir à troca da guarda real; os guardas parecem soldadinhos de chumbo, com aqueles movimentos sincronizados! E, é claro, vai querer conhecer também o Big Ben, a Abadia de Westminster e seus inesquecíveis bosques; enfim, tudo o que é retratado nos cartões-postais – exclamou ela.

Passamos a conversar sobre vários assuntos, até que ela me contou que sempre fora apaixonada por Leandro, desde pequena, desde quando o vira pela primeira vez. Segundo ela, ele nem a notava, pois era uma menina magra e desengonçada. Tinha se transformado na mocidade, quando começou a criar formas de mulher.

Ao completar dezoito anos, já havia mudado bastante, como ela mesma contou, "como um patinho feio que se transforma em um garboso cisne". E Isabelle era mesmo uma bela mulher, pois chamava a atenção por onde passava. Paramos defronte à Maison Chanel, que era freqüentada pela alta sociedade parisiense. Ela quis assistir ao desfile de modas daquela tarde e, com muito bom gosto, escolheu os vestidos mais bonitos. Também comprou casacos e *tailleurs*, a grande invenção de Coco Chanel. Ao sairmos da loja, ela me entregou um pacote.

– Achei este vestido lindo! É um presente...

– Mas, Isabelle, é muito caro, não posso aceitar.

– Ora, é claro que pode! Afinal, foi tão gentil em me acompanhar, e é jovem como eu, sei que gosta de andar na moda. Faço questão e assunto encerrado! – Disse ela, recolocando o embrulho nos meus braços. Confesso que fiquei muito desconcertada, mas não tive como recusar o presente diante de tantas justificativas.

O final daquele ano de 1938 estava atribulado, principalmente no campo da política. A Europa, ciente do perigo de uma guerra, organizava-se contra uma Alemanha misteriosa, que se mantinha em isolamento voluntário, guardando segredo absoluto de suas estratégias. Na mansão dos Savoirrécs a grande novidade era o namoro entre Isabelle e Leandro. Ela, visivelmente apaixonada, parecia não enxergar a complexa personalidade de seu amado. Confiava em mim, revelando-me seus segredos de amor. Leandro, no entanto, sempre que podia criava-me situações embaraçosas e humilhantes. Ele era tão grosseiro comigo que certa vez Isabelle quis saber o motivo pelo qual ele me tratava daquela maneira.

– Não suporto vê-la de conversa com uma empregada da casa. Fico irritado! Por que não arruma uma amiga de nossa classe social? – Perguntou ele, olhando-me com desprezo.

Pude ver a decepção estampada no rosto angelical de Isabelle. Incapaz de imaginar o quanto seu noivo poderia ser desagradável, ela respondeu à altura:

– Pois quero que saiba, Leandro, que não fui criada para cultivar diferenças. E, pelo que sei, seus tios também não pensam como você. Espero que tenha agido assim por impulso, ao dizer palavras tão desprezíveis na frente de Louise e que lhe peça desculpas.

Ele deu uma gargalhada que me feriu os ouvidos e a alma.

– Pois não me arrependo de nada do que disse, e perde seu tempo se pensa que pedirei desculpas a uma simples empregada – finalizou ele, retirando-se e deixando-a boquiaberta.

Envergonhada e constrangida ela me pediu desculpas por ele. Mesmo tentando disfarçar, pude notar que subiu ao quarto chorando. Confesso que se eu não gostasse tanto dos Savoirrécs nunca mais voltaria à mansão. Entretanto, também precisava trabalhar para comprar meu enxoval e economizar para a festa de casamento. Tal pensamento iria ajudar-me a contornar essa e outras possíveis situações desagradáveis que porventura Leandro me causasse. Sabia o meu lugar, e nunca tive pretensões de ser nada além de secretária. Se em algum momento Leandro imaginou que poderia seduzir-me por ser rico e por ser sobrinho dos patrões ele se enganara. Ademais, seu comportamento agressivo para comigo só evidenciava sua frustração. Fiquei imaginando se Isabelle realmente conhecia seu futuro marido. No fundo, ela era tão apaixonada por Leandro que nada a faria desistir dele. Afinal, era amor de menina que atravessara fielmente os anos.

Agora que finalmente o havia conquistado, não desistiria tão facilmente de realizar seu maior sonho: casar-se com Leandro. Infelizmente, temia que ele não fosse o príncipe encantado que ela tanto fantasiara.

Dezembro de 1938. Após ter concluído os exames finais com boas notas, tratei de cuidar dos preparativos da formatura. Os dias passaram rapidamente até que finalmente chegou o grande dia! Após a diplomação, que foi um pouco longa, passamos ao salão de festas, para o baile de gala. A orquestra era magnífica e tocou uma seleção de músicas suaves e românticas. Gustav e eu rodamos várias vezes pelo salão. Também dancei com papai e com o doutor Marcel, que lá estava em companhia de madame Sophia. Enquanto dançávamos, ele me disse:

– Bem, minha cara, não quero vê-la tão cedo na mansão. Aproveite bem suas férias, são merecidas! Pretendem ir a Marselha? – Perguntou ele.

– Na verdade estamos esperando os parentes para a passagem de ano. Aliás, talvez, eu também conheça a família de Gustav, se tudo der certo.

– Bem, se todos forem tão corteses quanto ele, tirou a sorte grande, minha filha. E ele também, pois você é uma moça inteligente e de grande caráter – elogiou ele, sorrindo amavelmente.

Fim de baile! Só restava nos despedirmos dos colegas, já saudosos dos encontros diários. Ficou combinado que dentro de um ano nos encontraríamos para não deixar que a amizade se acabasse com o fim do curso.

Apesar das expectativas, passamos o Natal apenas entre nós, pois a família de Gustav não conseguira o visto para sair da Alemanha. Quanto a meus irmãos, só viriam para o Ano-Novo. Mamãe e eu preparamos uma ceia deliciosa, com os tradicionais pratos de Natal. Antes da meia-noite ofertamos presentes uns aos outros, não esquecendo de elevar nossas preces a Deus pela fartura e pela união de nossa família. Pedimos pelos desvalidos, pelos órfãos, pelos doentes e por todos aqueles que não tinham a alegria e o amor naquela noite.

Mesmo tendo sido criado dentro da tradição judaica, Gustav não desconhecia os costumes cristãos. Respeitava-os, mantendo uma postura reservada e neutra. Eu sabia que sua religião não considerava Jesus como o verdadeiro Messias. Para eles, a maior manifestação de Deus sobre a Terra foi o profeta e legislador Moisés. Mas ele não era ortodoxo, muito menos fanático. Estava conosco comemorando o nascimento de Jesus, quando poderia simplesmente ter se recusado a comparecer. Aproveitamos aquela noite para marcar a data do casamento e decidimos pela segunda quinzena do mês de junho. Restava-nos portanto apenas seis meses para os preparativos – tempo que passaria devagar para mim, pois quanto mais conhecia Gustav, mais tinha a certeza de que ele era o homem ideal para me desposar.

Logo no dia seguinte à ceia de Natal, 25 de dezembro de 1938, Gustav foi procurado em minha casa por um rapaz magro e de aparência abatida. Ele afirmou que precisava urgentemente falar com meu noivo.

– Entre e sente-se, senhor.

– Meu nome é Ismael. Perdoe-me se apareço sem ser convidado, mas como bem sei que ele vem aqui todas as noites, tomei a liberdade.

Antes que eu pudesse responder algo, a campainha soou. Era Gustav, com a barba por fazer e o mesmo terno da noite anterior.

– Desculpe-me pelo aspecto, querida. Não retornei para casa ontem, pois quando lá estava chegando percebi que dois homens me seguiam. Tratei então de dar algumas voltas até chegar a uma rua movimentada. Quando me vi cercado de pessoas, entrei na primeira porta que encontrei. Por coincidência, era uma pensão e decidi que passaria a noite ali mesmo. Mas não consegui pregar o olho a noite toda e também não voltei para casa de manhã.

– Pois eu também fui seguido! Acho que precisamos nos reunir imediatamente! – Exclamou Ismael, visivelmente nervoso.

– Santo Deus, será que alguém pode explicar-me o que está acontecendo?!

– Querida, serei breve. Ismael e eu participamos de um movimento antinazista. Todas as semanas nós nos reunimos para organizar uma manifestação pacífica contra esse terror que está crescendo assustadoramente. Pretendemos esclarecer a população por meio de panfletos e palestras.

– Mas, Gustav, há quanto tempo você participa dessas reuniões?

– Há pouco mais de um mês.

– Na verdade, dois meses – corrigiu Ismael.

– E por que me escondeu algo tão perigoso? Não confia em mim?

– Não queria e não quero expô-la ao perigo, meu amor. Nosso grupo está crescendo, somos na maior parte judeus exilados e tememos um avanço irreversível da política alemã racista em solo francês. Quanto a você, Ismael, saiba que agiu errado vindo até aqui.

– Bem sei, Gustav. Mas como você é nosso líder e precisamos nos reunir urgentemente, apelei contra o bom-senso.

– Muito bem, então vamos logo! Até breve meu grande amor – despediu-se ele, dando-me um forte abraço.

– Gustav, por favor, não se descuide, pois sabe que o estarei esperando.

Ele olhou-me profundamente. Nada disse e nada precisava dizer. Compreendi o quanto ele estava sofrendo com aquela situação. Enquanto sua família não viesse juntar-se a ele em Paris, ele não conseguiria ser feliz. Mesmo que as notícias tentassem descrever o que os judeus alemães estavam vivendo, só mesmo quem tinha parentes naquele país sabia a crueldade a que eles estavam sendo submetidos. A segregação de judeus e as humilhações públicas já haviam se tornado habituais. Como eu lia todas as cartas de Hannah, também temia pela vida deles. Fiquei esperando que os vultos de Gustav e Ismael desapareceram e só depois entrei em casa. Sentei-me no sofá e fui consolada por meus amados pais, que tentaram fazer com que eu acreditasse que aquela situação seria passageira. No entanto, bastava ler os jornais ou sair às ruas para saber das notícias. Algumas manchetes até estampavam:

"Será o III Reich responsável por uma II Guerra Mundial?"

Passaram-se dois dias sem que eu tivesse notícias de Gustav. Numa manhã, quando já me preparava para ir à sua casa, ele reapareceu. Estava mais animado e até sorridente. Fiz várias perguntas sobre a reunião, mas ele se limitou a dizer:

– Querida, nada posso lhe dizer. As reuniões são secretas e tudo o que se passa lá tem caráter estritamente sigiloso. Ademais, não quero envolvê-la nessa história para não expô-la ao perigo.

– Mas querido, pelo menos me diga quando vão agir. E se você precisar se ausentar por um tempo?

– Você saberá. E agora vamos mudar de assunto, pois prefiro namorar minha linda noiva de quem estou muito saudoso...

6

Desilusão

FINALMENTE NOSSOS PARENTES CHEGARAM! AH, como era bom ter a casa cheia e alegre. Vieram todos, sem exceção: Maurice, Claire e Suzanne; Pierre, Dominique e seus três filhos, Hector, Brigitte e o caçula Dionísio, que tinha herdado o nome de seu avô materno e era meu querido afilhado. Meus sobrinhos tinham uma energia inesgotável. Quando chegavam, queriam falar todos ao mesmo tempo, sair e passear. Suzanne, a mais velha, tinha dezoito anos e já era uma moça feita, bonita e encantadora. Hector, de quinze anos, vivia implicando com sua irmã mais nova, Brigitte, que tinha treze. E Dionísio era um garoto que sempre se envolvia em travessuras. Não podia ficar sozinho.

Logo que Gustav chegou, à noitinha, apresentei-o a eles.

– Muito prazer, conheço-os por descrições e fotos. Louise fala de vocês com um enorme carinho.

– Ah! Ela é nossa fadinha. Lembra-se, Pierre, quando a vimos pela primeira vez? Era tão graciosa que brigamos para decidir com qual de nós dois ela se parecia mais – recordou Maurice, que era mais falante.

– É verdade – respondeu Pierre, sempre mais reservado.

– Mas veja meus netos, Gustav. Acha que estou sendo muito coruja ou eles não são mesmo lindos? – Perguntou papai, que tinha colocado Dionísio no colo.

– Vamos vovô, você prometeu levar-nos a um parque! Eu escolherei o lugar! – Exclamou Brigitte, empolgada.

– Nada disso! Meninas só sabem fazer programas sem graça. Tenho outra idéia: vovô e eu iremos ao Moulin Rouge esta noite! – Sugeriu Hector, em pleno despertar adolescente.

É claro que todos rimos de sua espontaneidade. Mas decidimos que sairíamos todos juntos para um passeio "familiar", o que o desagradou profundamente. Como era dia 31 de dezembro, retornamos antes da meia-noite, pois uma ceia deliciosa estava à nossa espera. À meia-noite em ponto, Maurice estourou um champanhe e brindamos o ano de 1939 com votos de paz e prosperidade. Eu estava radiante, pois tinha ao meu lado todos os entes mais queridos, inclusive Gustav. Para mim não restavam dúvidas de que minha família havia aprovado meu futuro esposo.

Na manhã seguinte, os comentários foram unânimes a favor dele, meus irmãos elogiaram o quanto ele era sério, inteligente e çortês. Meus familiares ficariam ainda alguns dias conosco, pois Maurice e Pierre estavam de férias. Certa noite, em que todos haviam saído, Suzanne e eu preferimos ficar em casa e iniciamos um interessante diálogo:

– Titia, o que sente quando vê seu noivo?

– Bem, sinto uma alegria muito grande. Por que pergunta, querida? Acaso já tem namorado? – Perguntei, percebendo que ela queria contar-me algum segredo.

Suzanne enrubesceu e abaixou o rosto.

– Bem, titia, na verdade, acho que estou apaixonada.

– Ora, mas que maravilha! E quem é o felizardo?

Inesperadamente, ela começou a chorar.

– O que foi, meu anjo? Por que está chorando? – Quis saber, aflita.

– Preciso desabafar com alguém, senão ficarei louca! – Respondeu entre soluços.

Segundo ela, tinha conhecido um rapaz em Marselha e ambos se apaixonaram à primeira vista. Por saber o quanto seu pai era ciumento, preferiu esconder o namoro. Um dia, ele desconfiou e resolveu segui-la. Encontrou-a em um parque conversando com o rapaz. Imediatamente, Suzanne o apresentou, mas logo percebeu que seu pai não havia simpatizado com o rapaz. Quando chegaram a casa, ela revelou que o jovem, de nome Estévan, era descendente de espanhóis e vivia com a família em uma vila perto dali. Maurice mal a esperou terminar de falar e já começou a insultar o rapaz, xingando-o de "cigano" e "ladrão". Para decepção de Suzanne, seu pai se revelou preconceituoso e intransigente, proibindo seu namoro com um "estrangeiro qualquer". Mas como eles estavam apaixonados, continuaram a se encontrar às escondidas.

– Vou precisar de sua ajuda, titia, pois ele está visitando os pais aqui em Paris – disse ela, com os olhos suplicantes.

– Céus, está me pedindo que colabore com sua aventura!

– Juro que não estamos brincando, titia. É mesmo amor, de verdade – insistiu ela.

Percebi logo que tinha sido eleita a madrinha dos jovens enamorados. Certamente, iria com ela conhecer o rapaz antes de tirar conclusões sobre ele. As pessoas maduras imaginam que os mais jovens não sabem distinguir uma paixão passageira de um sentimento mais sério. Mera ilusão, pois saber amar não depende da idade cronológica, mas, sim, da maturidade do espírito.

Fui com Suzanne até a casa de seu amado e lá chegando tive uma grande surpresa: o pai do jovem namorado de Suzanne era o senhor Pablo.

– Sejam bem-vindas! Eram esperadas com alegria! – Exclamou ele.

No interior da casa reinava um clima de festa. Todos os presentes saudaram-nos calorosamente. Quando dei por mim, Suzanne não estava mais ao meu lado. Olhei em volta e a vi, um pouco distante, dançando com seu escolhido. Eles formavam mesmo um lindo par: ele com lindos olhos verdes e cabelos negros e ela com a pele de porcelana e longos cabelos reluzentes. Logo ela veio até mim e me apresentou Estévan.

– Muito prazer, senhorita. Puxa, como é jovem e bonita! – Elogiou ele.

Confesso que simpatizei com aquele jovem, que parecia ter nobre coração. Iniciei uma conversa com dona Leocádia, esposa de senhor Pablo e dona da casa. Soube que aquela festa era de despedida, pois estavam de mudança.

– Vamos mudar para Marselha, pois Pablo acredita que devemos nos juntar aos parentes de lá. Ademais, nosso amado filho Estévan já está morando na vila dos espanhóis e aguarda nossa mudança.

– É verdade? Então, ele mora em Marselha há quanto tempo?

– Ora, mas não lhe contaram ainda a história? Aconteceu assim: Estévan foi a passeio e adorou a cidade. Logo, procurou emprego e conseguiu trabalho no cais, em um armazém de carga e descarga. Quando saiu a passeio pela cidade com seus primos viu Suzanne e se apaixonaram à primeira vista.

– Na verdade, Suzanne contou-me muito pouco.

– Então eles começaram a se encontrar e descobriram que o patrão de Estévan era pai de Suzanne, o dono do armazém. Mas quando ele descobriu que sua filha namorava um simples empregado de cais de porto, proibiu o namoro.

– Não se preocupe, pretendo falar com meu irmão para desfazer esse mal-entendido.

Continuamos a conversar sobre outras coisas e ela me relatou a mesma história contada por senhor Pablo na praça, quando o conheci. Aliás, dom Pablo, como era chamado respeitosamente por todos.

Quando olhei no relógio levei um susto, pois já era tarde e precisávamos voltar para casa. Despedimo-nos de todos com a promessa de que voltaríamos sempre. Saí dali com ótima impressão de Estévan e sua família, gente simples, honesta e verdadeira. Antes de deitarmos, Suzanne ainda me sussurrou:

– Titia, vou me casar primeiro que você.

– Ora, não diga bobagens, precisaremos de muito tempo para convencer seu teimoso pai a aceitar o rapaz.

– Mas eu sinto que vou me casar logo. Parece brincadeira, titia, mas nos amamos de verdade e nada nem ninguém poderá nos separar – afirmou ela, resoluta.

Demorei a dormir, pois fiquei preocupada com Suzanne. O que estaria tramando para alcançar sua tão sonhada felicidade?

Na manhã seguinte, fomos todos à estação para as despedidas, pois só nos veríamos novamente em junho, mês do meu casamento. Procurei falar a sós com Suzanne e a aconselhei:

– Pelo amor de Deus, não faça nada de que possa se arrepender depois.

Em seguida, dei-lhe um forte abraço. E assim fiz com os meus amados irmãos, cunhadas, sobrinhos e sobrinhas.

Os primeiros dias de janeiro já trouxeram notícias preocupantes. Na primeira página do Diário de Paris estampava-se:

"Alemanha x judeus: uma luta desigual."

Comprei o jornal e li, estarrecida, que o III Reich avançava sobre as colônias judias com a intenção de lhes tirar totalmente a liberdade. Trazia também a foto de Hitler diante de uma multidão hipnotizada. Pensei imediatamente na família de Gustav, que ainda se encontrava em Berlim. E como ele não havia aparecido depois do *réveillon*, fui até sua casa. Toquei a sineta várias vezes e quando já ia desistir, uma senhora vestida sobriamente abriu-me a porta.

– Pois não, o que deseja?

– Sou Louise, procuro por Gustav...

Ela nem me esperou terminar e já segurou minhas mãos, puxando-me para dentro.

– Dona Louise, mas que prazer, então a senhora é a noiva do senhor Gustav. Nossa, é tão bonita!... Mas ele não está!

Era a primeira vez que entrava em sua casa. Não era muito grande, tinha poucos móveis, mas era muito bem-arrumada. A empregada, de nome Cecilie, explicou que demorou a abrir a porta porque não ouvia muito bem e estava nos fundos. Ela me entregou um bilhete de Gustav e deixou-me sozinha, pois iria preparar-me um chá. Abri o envelope ansiosamente.

"Querida Louise:
Precisei ausentar-me para resolver alguns problemas. Amo você mais do que tudo, mas tenho um ideal a ser atingido. Só peço um pouco de paciência, pois quando retornar casaremos e seremos felizes juntos. Transmita meus cumprimentos respeitosos ao senhor Louis e à senhora Marie.
Amo-a muito, Gustav.
P.S. Após a leitura deste, queime-o imediatamente."

Pude perceber que as palavras tinham sido rabiscadas, talvez porque ele estivesse mesmo com muita pressa. Enquanto tomava o chá, gentilmente oferecido por Cecilie, ela me contou que iria até minha casa levar o bilhete após o serviço e ainda disse:

– Ele também me pediu que eu não dissesse a ninguém que ele viajou. E que eu também tomasse cuidado e prestasse atenção para ver se não estou sendo seguida. Eu até achei engraçado o que ele me pediu, mas depois que ele me explicou, eu entendi. Será que a senhorita vai querer os meus serviços depois que vocês se casarem? Gosto tanto do senhor Gustav e adorei a senhorita!

– Claro, Cecilie eu também gostei muito de você! Bem, preciso ir e não se esqueça: nada de conversar com estranhos. Até breve!

Antes de voltar para casa, fui até o jornal onde trabalhava Antoine, o amigo de Gustav que conhecera no Café. Ao me ver, ele ficou apreensivo e convidou-me para falarmos em outro lugar. Contei-lhe sobre o bilhete e ele não me enganou. Afirmou que

Gustav estava se escondendo da polícia política nazista. Os discursos em público e a panfletagem de Gustav e seu grupo tinham sido facilmente descobertos pelos agentes que agora os perseguiam.

– E você, Louise, por favor, tome cuidado. Se perceber que está sendo seguida, procure logo um policial e denuncie. Quanto ao bilhete, o melhor que tem a fazer é mesmo destruí-lo.

Fui embora arrasada, mas precisava disfarçar pois não queria amedrontar meus pais. Naquela noite tive um sonho diferente.

"Estava em um lugar muito iluminado, onde todos sorriam. Ao meu lado estava Ângeli, meu iluminado irmão espiritual. Estávamos em uma espécie de salão de palestras, onde se encontrava uma grande platéia. Meu irmão me puxou pela mão e nos sentamos junto aos outros. À frente estava um casal que tinha feições indianas, e ambos traziam uma bela pedra azul-turquesa entre os olhos. Logo, iniciaram uma palestra.

Cada qual à sua hora, falou de assuntos diversos e profundos. Eram donos de grande sabedoria. Quanto mais explanavam, mais lhes emanava uma luz clara e luminosa. Pregaram a fraternidade, a caridade e a união entre os povos. Quando terminaram, um dos presentes quis saber:

– Caros e nobres mentores espirituais, como posso evoluir se vivo em um ambiente de permanente discórdia?

A senhora, dona de uma voz macia respondeu:

– Saiba, meu filho, que situações graves servem para descobrirmos nossas forças. As adversidades são provas para avaliar nossa fé, coragem e lealdade. Nada se passa em vão, pois detrás de qualquer sofrimento existe sempre a mão consoladora de Deus. No entanto, não nos esqueçamos de que passada a dor, devemos ainda assim continuar a orar, pois as preces devem também ser elevadas em agradecimento.

Esperei alguns segundos, e como ninguém mais se pronunciou, levantei-me:

– Elevados irmãos, se no plano terrestre uma guerra está prestes a acontecer, não há nada que possam fazer para impedi-la, evitando assim que homens se matem sem piedade?

– Cara jovem, não podemos e não devemos interferir no maior direito do homem, que é o livre-arbítrio. Mas certamente aqueles que cooperam para com a angústia e o desespero de outros estarão adquirindo muitas dívidas no plano elevado. Nosso Pai maior tenta livrar os homens de seus maus instintos pelas mensagens e pelos ensinamentos, que depois de assimilados, devem ser praticados. Infelizmente, vários são aqueles que não ouvem Sua voz."

Passaram-se alguns meses. Estávamos em julho de 1939, e o mês de meu casamento tinha ficado para trás. Nenhuma carta de Gustav, nenhuma notícia aliviadora. Quando ficava na solidão de meu quarto, abria a caixa de enxoval e chorava abraçada às lindas peças bordadas com nossos monogramas. Ah, que desilusão!

Certa vez, cheguei a ser seguida por um homem suspeito, mas o despistei descendo do bonde rapidamente e misturando-me à multidão. Estava tão infeliz que todos notavam minha tristeza: doutor Marcel, madame Sophia, Esther e Jofre, todos queriam consolar-me. Doutor Marcel usou de sua influência para tentar localizar Gustav, mas nada conseguira.

Certa vez, cheguei a casa e encontrei papai e mamãe transtornados, pois Maurice havia ligado de Marselha em desespero após ter descoberto que Suzanne havia sido seqüestrada. Levei um susto, mas logo minha intuição me alertou que ela devia ter fugido com Estévan. Senti um aperto no coração, pois conhecia a natureza violenta de meu irmão. Sem demora, arrumamos as malas e fomos para a estação. Avisei antes os Savoirrécs, para que não se preocupassem com minha ausência.

Quando finalmente avistamos os contornos de Marselha e sentimos o cheiro característico do mar, relembrei nossas viagens de férias, quando eu ainda era criança. Na cidade situava-se a sede da Escola Nacional da Marinha Mercante, além da bela catedral de Notre-Dame-de-La-Garde.

Logo que chegamos, encontramos Claire em prantos, abatida e a ponto de desfalecer. Ela disse que Maurice havia saído enlouquecido depois que a polícia lá estivera. Os policiais encontraram a cama de Suzanne arrumada e notaram que alguns de seus pertences tinham sido tirados do armário. No entanto, não encontraram sinais de violência. O caso parecia mais uma fuga voluntária e não tinha características de seqüestro.

– Eu também acho que ela fugiu com o namorado, pois ela e o pai, ultimamente, viviam brigando por causa disso – revelou Claire, com um fio de voz.

Papai decidiu que iria até o armazém saber notícias com Pierre. Mamãe e eu ficamos com Claire. Logo que ela se acalmou, decidi sair para procurar Suzanne na vila dos espanhóis.

Lá chegando encontrei dom Pablo e dona Leocádia visivelmente abalados. Ela também chorava e trazia um terço nas mãos.

– Sei que imaginou que os estamos escondendo, mas Estévan também sumiu de casa, como Suzanne. Infelizmente, não sabemos o paradeiro dos dois e já prestamos nossas declarações à polícia.

Fiquei consolando-os um pouco mais, mas percebi que minha tentativa de encontrá-los ali tinha sido inútil.

7

Paixão e morte

VOLTEI PARA CASA DE MEU IRMÃO ABATIDA. LÁ chegando, encontrei Maurice com um aspecto deplorável, com a barba por fazer e a roupa amassada.

– Louise, até que enfim! Onde esteve? – Perguntou Maurice.

– Fui dar uma volta, precisava pensar – menti para não desesperá-los ainda mais.

– Pois já temos notícias alentadoras. Ao sair da vila daqueles malditos espanhóis descobri que hoje eles comemoram o dia de seu padroeiro, São Cristóvão – falou Maurice.

Lembrei-me das bandeirolas coloridas que enfeitavam o lugar, mas evidentemente, calei-me.

– Sim, e então?

– Tenho certeza de que o ciganinho vai aparecer por lá hoje à noite e, com ou sem minha Suzanne, ele irá se ver comigo! – Afirmou ele, com um olhar assustador.

Senti um frio na espinha. Tive a impressão de que algo terrível poderia acontecer, mas nada do que eu e os outros dissemos foi capaz de mudar sua opinião. A única saída seria acompanharmos nosso desvairado Maurice para tentar evitar uma tragédia.

No pátio todo enfeitado, várias pessoas circulavam. Perto da entrada, um animado grupo de músicos tocava e cantava músicas típicas. Todas as portas das casas estavam abertas, e as mesas ofereciam comida e bebida à vontade. Procurei dom Pablo e dona Leocádia e os avistei sorridentes. Estranhei a alegria, pois havia poucas horas eu estivera lá e ela estava chorando. Mas logo percebi a razão: logo adiante estavam Estévan e Suzanne. Mas, evidentemente, eu não fui a única a vê-los.

Tudo aconteceu em segundos. Quando olhei para o lado, vi o rosto transfigurado de Maurice.

– Vou matá-lo, desgraçado! – Gritou ele, retirando uma arma do paletó.

Sem que pudéssemos evitar, ele avançou sobre o rapaz, que se defendeu, tentando segurar-lhe o braço. Caíram no chão e na luta os corpos de ambos se confundiram. De repente, ouvimos um disparo. Lívida, Suzanne gritou:

– Papai!

Em seguida, Estévan levantou-se e o corpo de Maurice ficou inerte no chão.

Foi uma correria. Logo foi chamada uma ambulância, que o levou ao hospital mais próximo. Lá chegando, soubemos que o estado de meu irmão era crítico, pois a bala havia passado perto do coração e se alojara junto às costelas. Como ele havia perdido muito sangue, uma cirurgia poderia ser fatal. A solução foi colocá-lo no centro de tratamento intensivo, em observação.

Enquanto isso, Suzanne agarrava-se à mãe e ambas pareciam estar em estado de choque. Soubemos que o jovem Estévan estava na delegacia prestando depoimento. Quanto a nós, só nos restava rezar para que Maurice sobrevivesse.

Passamos a madrugada na sala de espera do hospital. Horas intermináveis se passaram, até que tivemos ordem para vê-lo, mas somente pelo vidro da sala de isolamento. Maurice estava pálido, respirava por meio de aparelhos, parecia sem vida. No entanto, para nosso alívio, soubemos que estava fora de perigo e que logo que reagisse, seria transferido para um quarto. Foi o médico, doutor Laurent, quem nos aconselhou:

– Vão para casa dormir um pouco, pois parecem exaustos. De nada adiantará ficarem aqui, pois o paciente está sedado e provavelmente só acordará amanhã.

O médico era grisalho, simpático e falava com muita segurança. Assim fizemos. Mas foi inútil tentar dormir, pois Claire chorou a noite toda. Logo na manhã seguinte, voltamos ao hospital para ver meu irmão de perto, mas ele continuava na mesma. Como Suzanne não apareceu durante dois dias seguidos, fui até a vila dos espanhóis para saber notícias dela.

Fui recebida por dom Pablo, que tinha os olhos marejados. Sem nada dizer, levou-me a um quarto da pequena casa. Entrei e, com o coração aos pulos, deparei com Suzanne. Quase desfaleci ao vê-la deitada na cama, inerte, ladeada por Estévan e dona Leocádia, que orava fervorosamente. Olhei desesperada para dom Pablo.

– Ela não come desde aquela noite, nega-se até a beber um pouco de água. Chamamos um médico que diagnosticou seu mal: ela quer morrer.

– Mas Deus, o que podemos fazer? Por que ela está agindo assim?

– O médico disse que ela está se sentindo culpada por tudo o que está acontecendo e está se penitenciando conscientemente.

Procurei chegar mais perto de Suzanne, que mantinha os olhos fechados:

– Querida, sou eu, sua tia Louise. Por favor, abra os olhos...

Ela obedeceu, mas seus olhos não traziam o brilho da menina alegre que sempre fora.

– Titia, vou jejuar até meu pai melhorar e me perdoar. Se algo mais grave acontecer a ele, prefiro morrer.

– Suzanne, ouça-me: seu pai está fora de perigo e deve sair hoje mesmo do isolamento. Estou indo até lá, mas não ficarei tranqüila se continuar a jejuar.

– Mas eu fui a culpada, então se ele está doente, eu também ficarei; se ele morrer, também morrerei – respondeu ela, fechando os olhos em seguida.

– Vamos cuidar dela, tia Louise, não sairei daqui um instante sequer – disse Estévan, olhando para Suzanne apaixonadamente.

Antes de sair, ainda soube que o delegado não o havia prendido pois testemunhas disseram que ele agira em legítima defesa, já que a arma estava em posse de Maurice. No entanto, conversamos isso longe de Suzanne, pois ela estava muito debilitada emocionalmente.

No hospital, encontrei Maurice ainda muito pálido e sob efeito de forte medicação. Segundo o doutor Laurent, ele precisava de uma transfusão de sangue e papai, que tinha o mesmo tipo sangüíneo que ele, fez a doação. O dia passou lentamente. Meu irmão continuou internado no CTI, por precaução. No entanto, voltamos para casa com mais esperanças, pois após a transfusão ele havia melhorado significativamente.

Naquela noite tive um sonho que me pareceu muito real.

"Sonhei que estava em um lindo bosque. Sorridente, meu mentor Ângeli estava ao meu lado e me levou para um lugar muito iluminado, com pessoas doentes deitadas sobre os leitos. Ângeli me explicou que se tratava de um hospital espiritual. Pude perceber que ao lado dos leitos postavam-se espíritos de luz que aplicavam passes energéticos nos convalescentes. Fui encaminhada para outra parte do recinto, onde encontrei pessoas muito conhecidas: deitados em uma cama estavam Maurice e Suzanne, tendo ao lado dom Pablo que, sem nada dizer, colocou minhas mãos sobre o peito de Suzanne e as suas sobre o ferimento de Maurice. Enquanto isso, Ângeli orava mentalmente, deixando fluir uma luz dourada que se derramava sobre os doentes. Passaram-se alguns minutos até que o tratamento pudesse surtir efeito. O primeiro a abrir os olhos foi Maurice. Confuso, ele olhava todos sem nada dizer.

– Perdoe sua filha, senão ela morrerá de dor e tristeza – aconselhou dom Pablo a Maurice.

– Nunca! – Exclamou ele com dificuldade.

– Seu ódio não é desta vida – continuou dom Pablo, misterioso.

– Por favor papai, perdoe-me, não seja tão cruel – implorou Suzanne, fortalecida pelo passe que recebera.

– Ela me seduziu! – Bradou Maurice, apontando o dedo em riste para a filha.

Assustada, olhei para dom Pablo em busca de explicação.

– Sim, Maurice, em uma encarnação passada você e Estévan eram dois irmãos que se amavam, mas foram separados pelo amor à mesma mulher. É verdade que Suzanne encantou-se por você, porém ela amava Estévan. Em sua vaidade de mulher ela se orgulhava de ser amada pelos dois irmãos e alimentou o seu desejo, inconseqüentemente. No entanto, quando você a roubou e a levou para bem longe, ela preferiu morrer e atentou contra a própria vida.

Mas Suzanne precisa de seu perdão para ter coragem de enfrentar sua difícil missão nesta vida, seus erros do passado tornaram-se espinhos.

Naquele instante, Ângeli direcionou toda sua energia para os dois e algo maravilhoso aconteceu. Maurice olhou para o lado com os olhos inebriados de amor, enquanto Suzanne lhe estendia a mão. Quando finalmente suas mãos se uniram, fachos de luz saíram de seus dedos, misturando-se, como se suas energias tivessem se transformado em uma só. Olhei para o lado e sorri para dom Pablo e Ângeli, que também estavam visivelmente satisfeitos."

Mais um dia amanheceu e antes de ir ao hospital fui ver Suzanne. Para meu alívio, ela estava recostada nos travesseiros tomando um caldo que Estévan lhe dava carinhosamente. Não demorei muito, pois estava ansiosa para saber como estava meu irmão. E, no hospital, também encontrei ótimas notícias: Maurice estava sendo transferido para um quarto, pois tinha tido uma excelente recuperação.

Aproveitei o horário do almoço para ficar com ele, enquanto meus pais e Claire iam descansar um pouco. Ele já estava conversando e aproveitei para investigar seu estado de espírito.

– Você ainda está magoado com sua filha ou a perdoou?

Ele pensou por alguns segundos. Parecia estar analisando tudo o que se passara.

– Confesso a você, minha irmã, que não tenho mais ódio daquele rapaz nem mágoa de Suzanne.

– Então você os abençoa?

– Parece que aquela bala quebrou a couraça que endurecia meu coração, sinto que não sou mais o mesmo homem. Ademais, fui eu quem comprou a arma, portanto, tenho muita culpa pelo que aconteceu. O rapaz, Estévan, está preso?

– Não, os testemunhos foram a favor dele.

– Então vá buscá-los agora mesmo, estou morrendo de saudades de minha única e amada filhinha! – Exclamou ele.

Assim, desde aquele dia, Suzanne e Estévan receberam o perdão e a benção de Maurice e puderam conviver em paz com toda a nossa família. Claire ficou tão feliz com a reaproximação que até voltou a sorrir, mas Maurice ainda teve de depor por ter provocado o grave incidente e precisou contratar um bom advogado para defendê-lo de seu desatino.

No dia da alta de Maurice, eu andava tão distraidamente pelo corredor do hospital que esbarrei em alguém. Apressei-me em pedir desculpas e deparei com um jovem médico que me olhava com ar divertido. Ele se apresentou como André e iniciamos ali mesmo um diálogo:

– Tenho observado a senhorita há algum tempo. Sei inclusive que é parente do paciente baleado – disse ele.

– É verdade. Maurice, meu irmão, está recebendo alta hoje, graças a Deus!

– Mas então quase perdi a oportunidade de conhecê-la melhor! – Disparou ele, com ar sedutor.

Fiquei um pouco aturdida, pois não esperava ser abordada em um corredor de hospital. Ademais, ultimamente, os problemas tinham sido tantos que não tinha tido tempo para pensar em mim, ou até mesmo em Gustav. Confesso que me senti lisonjeada, pois se tratava de um belo rapaz, mas...

– Então, poderia convidá-la para um passeio? – Perguntou ele, sem rodeios.

– Na verdade, estou em Marselha de passagem. Moro em Paris e devo voltar brevemente. Quanto ao passeio... – respondi, mostrando-lhe minha mão direita, pois ainda usava a aliança de noivado.

– Mesmo sendo comprometida, talvez aceite sair com seu mais novo amigo. Então, jantaria comigo hoje? – Insistiu ele.

Eu precisava mesmo relaxar um pouco e, afinal, Maurice estava voltando para casa. Quanto a Gustav, eu continuaria a lhe ser fiel, pois um amigo novo não significava um namorado novo. Aceitei o convite, mas marquei para o dia seguinte. Estava exausta e pretendia dormir cedo naquela noite.

Não me arrependi por ter aceitado seu convite, pois André era uma excelente companhia. Muito inteligente, seguro e educado, ele falava espontaneamente de si mesmo e foi contando-me sua surpreendente história no decorrer da noite.

Ele nascera em Arles, uma cidadezinha do interior. Era o quarto filho de uma modesta família. Viviam em uma chácara onde cultivavam hortaliças para o comércio e para o próprio consumo. Seu pai, no entanto, era mulherengo, beberrão e dado a jogatinas. Como apostava nas rodas de jogo, as dívidas se acumularam, fazendo-os perderem o pouco que possuíam. Para piorar a situação, seu pai desapareceu, fugindo à responsabilidade. A única solução foi dividir a família, que era composta de cinco irmãos além da mãe. Uma tia idosa, solteirona e mal-humorada, aceitou acolher sua mãe e três filhos maiores, pois poderiam trabalhar em sua propriedade em troca de casa e comida. André e a irmã caçula foram viver com outra tia, em uma cidade distante. Ela era casada mas não tinha filhos, o que fez sua mãe acreditar que seriam criados como tal. Pura ilusão...

Logo que chegaram, foram tratados como empregados. Sofreram todo tipo de humilhação, mas decidiram nada revelar à mãe, já tão sofrida. André ainda descobriu que o tio, um espírito pouco elevado, tentava molestar sua linda irmãzinha Camille, de apenas seis anos de idade. Como única saída, ele o ameaçou, dizendo que, caso insistisse, contaria tudo à tia, que era ciumenta e violenta. O covarde ficou morrendo de medo da mulher e deu sossego à criança.

Quando a tia, idosa e solteirona, morreu e sua mãe foi beneficiada como única herdeira, a família finalmente pôde se reunir novamente para viver com um mínimo de conforto. Aos poucos, foram tentando esquecer os anos de horrores, surras e muito trabalho, pagos com apenas um único prato de comida por dia. Juntos novamente, souberam que também sua mãe e seus irmãos tinham sofrido muito em troca de um teto e comida racionada. Trabalharam de sol a sol, mas, felizmente, todos sobreviveram às provações.

No entanto, quando tudo parecia bem, seu desafortunado pai reapareceu. Parecendo um mendigo, esfarrapado, cheirava a bebida. Chegou gritando e xingando, exigindo abrigo e morada. O irmão mais velho, Claude, que era o mais revoltado e odiava o pai, começou a discutir com ele, enfrentando-o fisicamente. Na luta, seu querido irmão perdeu o equilíbrio e caiu, batendo a cabeça na quina de uma mesa. Imediatamente, o sangue começou a jorrar.

Quando percebeu o que fizera, seu pai, enlouquecido, começou a gritar por socorro. André, instintivamente, tomou o pulso do irmão constatando que ele ainda tinha vida.

Mas no hospital teve início outro drama. Como não tinham dinheiro, o atendimento médico demorou e, quando o examinaram, era tarde demais. Claude morrera no auge de sua juventude, vítima da ignorância do próprio pai e da negligência médica, pois se tivesse sido socorrido a tempo, certamente não teria tido aquele triste fim. Naquele mesmo dia, André jurou a si mesmo que seguiria a carreira médica e atenderia a todos, inclusive aos miseráveis. Quanto a seu pai, ele desapareceu novamente, pois não suportou a idéia de ter de enfrentar a família e a lei pelo que insanamente provocara.

8

Vencendo a dor

APÓS ME CONTAR SUA HISTÓRIA, ANDRÉ AINDA disse:

– E assim tem sido a minha vida. Atendo no hospital durante a semana, mas dedico os fins de semana a visitar os bairros pobres, atendendo os carentes. Meu passado foi determinante em minha tomada de decisão. Do contrário, talvez fosse apenas mais um médico mercenário, como tantos outros. Até agora, já consegui sensibilizar alguns colegas, que participam comigo solidariamente de todas as visitas, sem cobrar nada, é claro!

Empolgada, contei-lhe sobre doutor Marcel, que também praticava a medicina como uma função de caráter nobre e venerável e não como um negócio. Conversamos muito tempo, até que ele me perguntou sobre Gustav. Como ainda tinha esperanças de rever meu noivo são e salvo, contei-lhe que esperava casar-me em breve.

– Muito bem, desejo-lhe boa sorte! Gostei muito de você e se não estivesse comprometida, confesso que não me contentaria apenas com sua amizade. Mas também sei esperar. Quem sabe um dia?

Despedimo-nos com promessas de trocar cartas e cartões. Naquela noite, tive a certeza de ter conhecido um homem valioso. Antes todos fossem como ele, superiores às adversidades e humildemente voltados à caridade.

Enquanto o tempo passava, os jornais estampavam manchetes cada vez mais absurdas. Diziam os repórteres que a França era território de perseguição aos judeus, tanto quanto a Alemanha. Nem de longe eu poderia supor que Paris seria palco de manifestações abertas anti-semitas, mas era exatamente o que estava acontecendo. Diante disso, senti que precisava retornar à minha cidade com urgência.

Em Marselha, Maurice, finalmente restabelecido, ainda trazia a bala alojada entre as costelas, e havia recebido ordens médicas de evitar exercícios para não sentir dores lombares. Quanto ao processo, ele aguardava a decisão do juiz. Na vila dos espanhóis, Suzanne, Estévan e dom Pablo, em meio a seus alegres parentes, viviam em harmonia. Eufórico, Pierre nos deu a notícia de que Dominique esperava o quarto filho. No armazém, os negócios voltaram a prosperar, com a experiente ajuda de papai. Eu, no entanto, não conseguia mais esconder minha ansiedade para saber notícias de Gustav. Assim, ficou decidido que mamãe e eu retornaríamos a Paris no trem da noite, pois papai só iria quando Maurice pudesse retornar à administração do armazém. Na hora da partida, todos estavam lá! E como sempre acontece com as famílias unidas, houve choro e troca de abraços saudosos com promessas de breve retorno.

Finalmente, Paris! Mal deixei a bagagem em casa, fui logo à procura de notícias de Gustav. Cecilie me recebeu com alegria, contando novidades:

– Contei a ele, senhorita, que esteve aqui várias vezes procurando-o. Ah, mas tive até pena do senhor Gustav! Ele estava tão abatido, de barba, roupas amarrotadas. Até parecia outro homem. Insisti para que tomasse um bom banho, trocasse de roupa e comesse algo antes de sair novamente. Ele respondeu que iria ficar daquele jeito mesmo, para não ser reconhecido. Antes de ir embora, mandou-lhe um recado: "Diga a Louise que a amo muito". Em seguida, pegou alguns papéis no cofre, bateu a porta e sumiu novamente.

Confesso que já não conseguia mais chorar por Gustav, pois era só o que fizera nos últimos meses, na solidão de meu quarto. A incerteza é a maior inimiga do amor, pois vai minando aos poucos a esperança, e acaba vencendo a quem ama.

Continuava tendo sonhos significativos e em um deles vi Gustav nitidamente. O local era desconhecido, uma casa de campo enorme, bem escondida por um bosque fechado. Ali estavam reunidos vários homens que se debruçavam sobre mapas e outros escritos. Em outro sonho, vi meu querido noivo lendo cartas de seus parentes, que descreviam os maus-tratos sofridos por eles e outros patrícios judeus em Berlim. Seus olhos foram ficando cada vez mais tristes, e, arrasado, ele apoiou a cabeça entre as mãos e chorou amargamente.

Ouvia-se todo tipo de conversa. Alguns justificavam a perseguição como "santa", pois seria a mão divina vingando os traidores de Jesus. Assim, os judeus tornaram-se, para grande parte da população, a palmatória do mundo. Mas sabíamos que Hitler tinha mesmo em mente um plano megalomaníaco de expansão territorial, apoiando-se na idéia louca de eugenia. E ele era um homem forte, que enfrentava inclusive seus opositores alemães. As notícias eram de que alguns homens do alto comando do exército alemão abominavam o homem escolhido pela população para ser líder de uma nação ainda corroída pela recente guerra. O que fascinava o povo eram as promessas de recuperação econômica e aprimoramento racial, idéias publicamente defendidas por Adolf Hitler e aplaudidas por milhares de compatriotas.

Estávamos em agosto de 1939. A França, estremecida, assistia ao pacto de guerra entre a Itália, a URSS e a Alemanha.

Em setembro, a Inglaterra e a França se uniram politicamente e declararam guerra ao Eixo. A realidade começou a mudar rapidamente. Certa manhã, ao chegar à casa de Gustav, encontrei na parede em letras grandes a expressão “judeu sujo”. Fiquei atônita por alguns instantes. Naquele dia, quando entrei, encontrei tudo revirado e Cecilie em prantos. Ela dizia que alguns homens lá estiveram e revistaram tudo. Assustada, ela me segurou a mão e disse:

– Adeus, madame, vou voltar para o interior, pois nada mais tenho a lucrar por aqui. O dinheiro deixado por doutor Gustav já acabou e temo que ele não volte nunca mais. Tome, estas são as chaves da casa, por favor, guarde-as com a senhora. Não me julgue mal, madame Louise, mas vou partir, porque depois desta tarde compreendi que aqueles homens terríveis estão mesmo dispostos a tudo.

Olhei para aquela mulher sofrida e abracei-a. Nossa despedida foi triste, mas não podia pedir-lhe para ficar. Ela já havia sido fiel até demais. Após sua saída, sentei-me no chão da sala e chorei copiosamente. Sabia que ali tinham estado os simpatizantes nazistas que agora agiam livremente em Paris. Assim mesmo, chamei a polícia e denunciei a invasão. Os policiais anotaram tudo e aconselharam-me a trancar a casa. Disseram que nada poderiam fazer até segunda ordem. Insisti para que tomassem providências imediatas, mas eles se limitaram às anotações. Decepcionada, daquele dia em diante não mais retornei à casa de Gustav, pois fiquei temerosa pela minha vida e de meus queridos pais.

Naquela noite, sonhei novamente com Gustav:

"Estávamos em um lugar muito calmo, sentados à beira de uma árvore frondosa. Podia-se ouvir o barulho das folhas ao vento suave. Não falávamos. Deitei minha cabeça em seu ombro e fiquei contemplando a beleza da paisagem. A certa altura, senti que deveria despedir-me sem perguntas. Nada deveria ser dito antes do tempo, aquele era um momento de plenitude espiritual. Deveria ser paciente, muito paciente e saber esperar o momento certo."

Os meses passavam rapidamente. Papai já havia retornado para nosso convívio. Recebíamos cartas de Marselha periodicamente, informando-nos sobre as novidades. A melhor delas era que Suzanne estava grávida! Desde aquela época, papai passou a alimentar um antigo sonho: voltar a residir em sua cidade natal, perto dos seus amados filhos e netos. E agora então que teria um bisneto, estava empolgado. De minha parte, estava cada vez mais propensa a concordar com ele, pois Paris tornara-se insuportável. Minha amada cidade, que antes era tida como um modelo de liberdade de idéias, tornara-se um cenário vergonhoso, onde se viam manifestações abertas de racismo e preconceitos diversos.

Após o desaparecimento de Gustav, meu desencanto só aumentava. Percebia o desejo indisfarçado de papai, incentivado pela saudade de mamãe, e meu sentimento de culpa só aumentava. Não tinha o direito de impedi-los de estarem perto de nossos familiares. Certa manhã, acordei decidida. Pedi apenas um tempo para avisar o doutor Marcel e a madame Sophia, pois não podia simplesmente abandoná-los.

A despedida dos Savoirrécs foi tocante. Tinham sido sempre de uma bondade indescritível comigo. Eu lhes seria eternamente grata por tudo e por toda a vida. Também não contive as lágrimas ao me despedir de Esther, de Jofre e de Domenico. Estava deixando não apenas patrões e colegas de trabalho, mas amigos verdadeiros e fiéis.

No dia da mudança, papai visivelmente feliz, entregou as chaves para um caseiro, pois não pretendia vender a casa. Queria que ela estivesse bem cuidada para usá-la quando quisesse. Afinal, seus netos adoravam passar as férias em Paris.

Na estação, tivemos uma mostra de que a guerra começava a fechar o cerco. Nossos documentos foram conferidos mais de uma vez, parecendo que éramos fugitivos em nosso próprio país. Papai ficou irritado e chegou a se exaltar com um dos policiais, mas, mamãe e eu, tratamos de acalmá-lo antes que a situação ficasse ainda mais complicada.

Não avisamos aos nossos familiares o dia de nossa chegada. Foi uma surpresa para todos. Aportamos em Marselha em dezembro de 1939. E como se os dias fossem apenas horas, entramos com muita festa em 1940. A casa de Maurice era espaçosa o suficiente para morarmos todos com conforto. Meus pais se alojaram no quarto de hóspedes e a mim coube o romântico quarto de minha querida Suzanne. No início, aproveitei para descansar de horários e tarefas, mas minhas férias foram breves. Logo fui trabalhar no armazém com meus irmãos e com papai, que insistiu em voltar às suas origens. Como ele tinha excelente saúde, por que não? Suzanne estava engordando a olhos vivos. Estévan e ela resolveram oficializar a união antes do nascimento da criança, casando-se no cartório.

Quanto à guerra, ela realmente estourou. Os jovens foram convocados a lutar, tendo de abandonar seus sonhos e suas famílias, para ingressar em uma luta cruel e desumana. Será que voltariam ilesos? Em maio de 1940, Hitler e seus comandos derrubaram as barreiras do Sedan, invadiram a Bélgica e lançaram-se decididos sobre Paris. Diante da ameaça, Charles de Gaulle transferiu-se, com todo o seu governo para Tours, e o quartel-general mudou-se para Briare. Nós, franceses, fomos tomados por um sentimento de fracasso e de impotência. Nossa grande esperança era a união com a RAF (Royal Air Force), a temida força aérea inglesa, que seria nossa maior aliada nos combates que tentariam impedir a tomada do restante do território francês.

Paris foi totalmente tomada pelos alemães em 14 de junho de 1940, mas sem bombardeios. A explicação era que o ditador alemão era um amante das artes, principalmente da pintura e que pretendia manter intactos os museus e os monumentos parisienses. Sabíamos também que sua intenção era se apropriar dos mais belos e famosos quadros e levá-los para sua coleção particular. Um roubo! A França viu seu território ser dividido em duas partes: ao norte, onde estava Paris, o domínio era de alemães e de franceses simpatizantes. Ao sul, onde ficava Marselha, o comando era dos franceses antinazistas

Mas nem tudo era desolação e nós tínhamos novidades! Finalmente nascera Daniel, o mais novo membro da família! Ah, era impossível não achá-lo lindo, pois tinha a pele rosada da mãe e os olhinhos verdes do pai. Também era muito guloso e fazia muito barulho ao sugar o leite da mãe. Ríamos à farta de seu jeito esfomeado. A vinda do pequenino tinha-me brindado com um novo título: tia-avó. Na sala de espera do hospital, reencontrei André, o jovem médico com quem eu havia saído uma vez. Era o mesmo hospital onde Maurice havia sido atendido, e agora lá estávamos para comemorar a vinda de um bebê nascido de um romance que quase tinha se transformado numa tragédia. Brincadeiras do destino.

André me convidou para um passeio e eu aceitei. Ainda não havia tirado a aliança, que demonstrava o que eu ainda sentia por Gustav. Durante o jantar, ele discretamente procurou saber mais detalhes de meu noivado. Contei-lhe que Gustav continuava desaparecido, mas que ainda tinha esperanças de reencontrá-lo.

– Será um pouco mais difícil agora, não é? Afinal, Paris está tomada e seu noivo é judeu – comentou ele.

– Sim, bem sei. Mas acredito que Gustav tenha escapado antes da invasão, pois ele já estava esperando o pior.

– Muito bem, como já lhe disse, sou seu amigo mas não perderia uma chance de conquistá-la se fosse desimpedida!

– Sinto muito André, mas ainda amo meu noivo. Adoro estar com você, mas não se iluda, por favor – expliquei, pois temia que ele alimentasse esperanças vãs.

A estratégia de invasão alemã não era baseada apenas em idéias racistas. Hitler também prometera ao seu povo uma rápida ascensão econômica, pois a Alemanha estava decadente desde o fim da guerra, em 1918. Assim, eles não invadiram Portugal e Espanha, pois eram países de pouca importância econômica. Evidentemente, toda aquela situação afetou a moeda francesa e se refletiu nos negócios do armazém. Como todos nós sobrevivíamos do mesmo negócio, tratamos de conter os gastos para não termos grandes prejuízos.

Certa noite, tive um sonho que me pareceu uma resposta para meus anseios.

"Ao longe vi um vulto caminhando em minha direção. Pude reconhecer meu amado Gustav, muito sério, com os olhos tristes. Aproximamo-nos, e sem nada dizer, abraçamo-nos. Ele então me levou para um lugar muito calmo e verdejante. Começou a me contar sobre sua fuga, seus planos e sua luta. Falava como se tivesse desistido de seu ideal.

– Mas, você não lutará mais? A guerra vai acabar logo?

– Não lutarei mais fisicamente, Louise, pois não faço mais parte do plano terrestre. Eu perdi, meu amor. Perdi a guerra, perdi a vida, perdi você."

Acordei sobressaltada. Tudo me pareceu estranho: o quarto, os móveis, eu mesma. Parecia que estava vivendo algo irreal. Sem forças para levantar, deixei-me ficar ali, em estado de choque. Não sentia vontade de abrir os olhos, de ver ninguém...

A vida se tornou um fardo para mim, pois perdera todo o encanto. Meu corpo parecia inerte e meu espírito parecia não querer mais viver.

Como eu não queria mais me alimentar, chorava o tempo todo e quase não dormia, André foi chamado para me ver e diagnosticou meu mal: depressão severa. Se eu não reagisse, seria necessária uma internação. Sentia as vibrações de amor de minha família, mas eu só sabia repetir:

– Gustav morreu, eu tive um sonho.

Foi dom Pablo quem me chamou à razão. Ele pediu que todos saíssem do quarto e disse:

– Precisa ser forte, não pode entregar-se à dor. Tem uma vida pela frente e será mais difícil enfrentá-la se for covarde. Gustav desencarnou e buscará evoluir, pois é um espírito corajoso.

Você precisa cumprir seu destino e lutar para ser feliz novamente. Precisa ser corajosa!

Abri os olhos e vi meu mentor Ângeli sorrindo para mim, ao lado de dom Pablo. Compreendi que não podia morrer também e que precisava reagir, aceitando aquela dolorosa perda. No começo foi muito difícil, pois estava muito fraca. Mas, aos poucos e com a ajuda de minha família, fui vencendo a dor estimulada pelo desejo de viver. Ainda pensava muito em Gustav; relembrava nossos momentos juntos, mas as lembranças passaram a ter um novo significado. Resolvi aceitar o fato de que a vida continuava, mas agora com um sabor muito amargo. Estava findando o ano de 1940.

Passamos o Ano-Novo na vila dos espanhóis, cercados pela alegria daquela gente festeira. Estava ainda muito abalada, mas já conseguia sorrir novamente. A um canto, observava os casais dançando e era impossível não me lembrar de Gustav. Mas agora a dor era mais suportável. Para todos da minha família, eu tivera apenas um pesadelo terrível. Mas dom Pablo também sabia, tanto quanto eu, que eu nunca mais veria meu querido noivo, pois ele não mais pertencia a este plano.

Iniciamos 1941 em meio à terrível guerra. Certa manhã, tive uma grata surpresa: recebi a visita de minha querida amiga Esther. Exultante, abracei-a, beijando-lhe as faces.

– Ora, mas que alegria! Conte-me as novidades! Como estão os Savoirrécs? E onde está meu amigo Jofre?

Para meu espanto, Esther desatou a chorar. Entre soluços ela contou-me que, com a invasão de Paris, os Savoirrécs partiram para a Itália. Mas antes deixaram para ela e para Jofre uma boa quantia em dinheiro para que pudessem também sair da cidade. Como eles tinham parentes no sul, compraram passagens e embarcaram rumo a Nice. Mas algo terrível aconteceu...

9

Vítima da solidão

– JOFRE É DESCENDENTE DE JUDEUS, SUA BISAVÓ era judia. Como os patrões partiram, decidimos fugir de Paris. A certa altura o trem foi obrigado a parar por uma patrulha alemã. Assustados, vimos soldados invadirem os vagões e, com brutalidade, exigirem documentos. Imediatamente senti o sangue gelar, pois separaram os judeus dos outros, dando ordens para que descessem do trem. Quando vi que meu bondoso Jofre estava sendo humilhado por um soldado alemão, fiquei cega e avancei sobre ele. Recebi uma coronhada e desfaleci. Quando acordei, meu Jofre não estava mais em minha companhia e até hoje não sei de seu paradeiro. Ouvi dizer que os prisioneiros judeus são levados para lugares afastados e lá são obrigados a trabalhar duro – contou ela, desesperada.

Tentei consolar Esther, porém ela mesma parecia convencida de que o pior poderia ter acontecido:

– Ah, peço a Deus todas as noites que me traga Jofre de volta, mas estou ficando desiludida. Será que o verei novamente, Louise?

Pobre Esther, estava tão envelhecida e triste. Nada mais lembrava aquela mulher alegre e falante. Parecia ter perdido a alegria de viver, como tantas outras pessoas que estavam sendo separadas de suas amadas famílias.

A Inglaterra conhecera a fúria alemã, pois Londres tinha sido alvo de um impiedoso bombardeio. A bela cidade assistiu a um espetáculo de luzes e fogos que arrasou seus principais bairros, matando parte da população. Os que sobreviveram tinham escapado devido aos abrigos subterrâneos construídos para defender seus familiares. Em junho, Hitler quebrou o pacto de Moscou invadindo a Rússia de Stálin. Então, os soviéticos mudaram de lado e passaram a somar forças aos aliados, pois estava clara que a intenção de Hitler era mesmo dominar o mundo!

Em certa tarde de verão, estávamos reunidos na casa de Maurice apreciando as travessuras de Daniel, que já contava um ano de idade. Ele e as outras crianças, juntamente com os jovens, eram a alegria da casa. Longe da guerra, nossa família desconhecia desavenças e todos gozavam de ótima saúde. Mas Suzanne estava indisposta naquela tarde e queixava-se de dor de cabeça. Achando que era por causa do calor, ela tomou um analgésico e se deitou. Como a dor não passava, procuramos um médico que pediu exames de rotina. Despreocupados, nenhum de nós esperava ouvir do médico a dramática resposta:

– Inicialmente, os resultados não foram muito bons. Chamamos a família porque vamos precisar internar a paciente para realizar exames mais específicos.

Estévan ficou pálido. Papai cambaleou e apoiou-se em mim, enquanto mamãe e Claire desataram a chorar. Maurice, desesperado, encheu o médico de perguntas sobre o real estado de saúde de sua filha:

– Nada pode ser dito ainda. Amanhã, bem cedo ela será submetida a novos exames.

Dali para frente tudo aconteceu muito rapidamente. Logo tivemos a péssima notícia de que havia um grande tumor localizado no cérebro de nossa amada Suzanne. No decorrer dos dias, soubemos ainda que o tumor era do tipo que progredia rapidamente e que, infelizmente, ela teria pouco tempo de vida.

Perdemos a conta de quantas vezes a levamos ao hospital para ser submetida a sessões de radioterapia e quimioterapia. Logo seu cabelo começou a cair, sua pele perdeu o viço e ela foi ficando magra e abatida. Mas era uma guerreira, nossa doce Suzanne. Nunca a ouvimos reclamar, parecia mesmo aceitar tudo com muita resignação. Seu desejo de viver era tamanho que os médicos ficavam admirados. Mas não havia mesmo esperanças do ponto de vista científico. Só mesmo um milagre poderia salvá-la.

Com o passar dos meses, o quadro foi piorando. Ela passou a ficar mais tempo no hospital do que em casa; as dores eram insuportáveis. Seu filhinho Daniel, que pouco entendia dos sofrimentos da vida, chorava porque queria ter sua mãe com ele, o que estava ficando cada vez mais raro. A família então, já se preparava para o pior. E, em uma noite chuvosa, nossa amada Suzanne, em um momento de lucidez, pronunciou o nome de Estévan. Ele se aproximou da cama e segurou-lhe as mãos frias.

– Meu amor, cuide bem do nosso filhinho...

Dito isso, fechou os lindos olhos negros e deu um longo suspiro, como se finalmente tivesse encontrado alívio para tantas dores. Ela partiu aceitando seu triste destino com resignação e deixou-nos mergulhados no mais profundo sofrimento. Era 7 de dezembro de 1941, exatamente no dia do ataque japonês a Pearl Harbor[11].

Mas a vida continuava, exigente. Tínhamos de continuar a caminhar, apesar da dura perda. Vivíamos tristes, chorando pelos cantos da casa. Um enorme vazio tinha ficado no lugar de nossa iluminada Suzanne. Logo ela, tão forte e corajosa, mãe de uma criança tão especial. Papai era o mais inconformado. Queria ir embora, voltar para Paris, apesar de a cidade estar ocupada. Ele parecia mesmo decidido a sair de Marselha. Mais uma vez, mamãe e eu estávamos dispostas a segui-lo sem discutir, pois sabíamos que ficar poderia ser também o seu fim.

– Vocês estão fugindo pela perda de Suzanne – afirmou Maurice, que envelhecera dez anos nesses últimos dez meses.

– Talvez, meu filho. Mas preciso partir, sinto que ainda posso fazer algo de bom por nosso país. Em Paris lutarei ao lado da Resistência Francesa. Por favor, entenda seu velho pai, preciso fazer algo por meus compatriotas, já que não pude salvar a vida de minha neta. Ainda tenho meus ideais e pretendo persegui-los.

Conformados, meus irmãos acabaram aceitando a decisão de papai. A perda de Suzanne fez com que eu me aprofundasse ainda mais na Doutrina Espírita, trazendo-me a certeza de que a alma sobrevive após a morte e que esta é apenas uma passagem. Somente aqueles que lutaram para vencer suas próprias insignificâncias e não esqueceram de auxiliar os desvalidos podem ter

11. Pearl Harbor: baía situada em frente à ilha de Oahu, Havaí, a cerca de 10 km a oeste de Honolulu. Sede de uma das principais bases militares navais dos EUA. O ataque japonês marcou a entrada definitiva dos EUA na Segunda Guerra Mundial, contra o Eixo – conjunto de nações formado pela Alemanha nazista, a Itália fascista, e o Japão, que defendia idênticos princípios políticos (N.E.).

esperanças de alcançar a morada da paz. No meu entender, esse seria o lugar de descanso de Suzanne, Gustav e Jofre.

Paris, mesmo ocupada, conservava uma aura de nobreza imaculada. Na estação, fomos interrogados por um oficial francês e durante o trajeto até nossa casa cruzamos com tanques de guerra e inúmeros soldados. Estávamos em março de 1942.

Existiam esperanças de que Hitler pudesse ser eliminado por algum espião duplo, e a guerra acabaria. A cada dia orávamos para que aquele fosse o último ataque, mas acordávamos e víamos que o pesadelo continuava. Papai estava completamente envolvido com a Resistência, o que lhe deu novo ânimo de viver. Eu trazia sempre à cabeceira da cama um livro de Allan Kardec e todas as noites lia algum capítulo para tentar compreender e aceitar melhor tanto sofrimento. Também tinha sempre à mão um livreto de mensagens. Naquela manhã, antes de me dirigir a meu novo emprego, abri-o e li com atenção o que estava escrito:

"Sabemos a que viemos, não sabemos para onde vamos. Certos de que o futuro só a Deus pertence, somos instrumentos de Sua infinita bondade. Não nos sobrepondo a Seu traçado, fica mais clara a estrada a ser percorrida. Muitas são as vidas antes desta até que possamos descobrir a verdade e a perfeição. Quando o homem despertar do sono letárgico em que se encontra, saberá o quanto esteve alheio à vontade de Deus. Saibamos distinguir na face de nossos irmãos o semblante do Pai maior, pois que D'Ele é a graça da vida e da reencarnação. Felizes aqueles que são iluminados pelos raios de Deus, pois a eles cabe a missão de clarear os caminhos dos que sofrem aqui na terra."

A mensagem era assinada pelo Espírito Romualdo.

Refleti sobre o que havia lido. Pensei na guerra e em toda a destruição que ela ainda provocaria. O que seria de nós, pobres mortais, vivendo em um tempo de discórdia e ódio? O que estaria reservado a nós, vítimas e algozes daquela guerra?

Com a ajuda dos Savoirrécs, logo consegui um emprego de secretária de uma família muito rica. Teria de começar a trabalhar imediatamente. Cheguei ao palacete pontualmente. Fui recebida pela simpática governanta de nome Gertrudes. Instalei-me no escritório e iniciei a leitura da correspondência. Separei as mais importantes e, em seguida, datilografei um relatório de finanças. Na hora do almoço, o senhor Leopold veio dar-me as boas-vindas. Examinou meu trabalho e elogiou-me a datilografia.

Os dias se passaram sem que eu pudesse rever aquele que me causara profunda impressão. Aos poucos, uma sincera amizade foi nascendo entre Gertrudes e mim, e por intermédio dela soube um pouco da história daquela casa. A jovem mulher de Rudolf, madame France, havia falecido fazia dois anos, vítima de leucemia. Sem me explicar a razão, Tude, como carinhosamente Gertrudes era chamada, contou-me que mesmo assim, Leopold, que era irmão gêmeo de France, continuava a residir na bela casa. Sem ter tido filhos, Rudolf, que morava longe da família, era um solitário. E como se não bastasse tudo isso, Leopold ainda o culpava pela morte prematura da irmã. France, por sua vez, havia obrigado o marido a jurar fidelidade eterna em seu leito de morte. Aquela última revelação tocou-me profundamente. Eu poderia negar a qualquer pessoa que sentira algo por Rudolf, menos a mim mesma.

Evitava sair da biblioteca a não ser para ir à cozinha tomar um chá. Não queria encontrar Rudolf, temerosa de que ele desvendasse meus sentimentos. Mas o destino armou-me uma armadilha. Como de costume, estava organizando a correspondência quando ouvi a porta abrir-se. Certa de que era Gertrudes, virei-me despreocupadamente. Mas era ele! Imediatamente perdi o controle perante aquele homem perturbador, tão belo e tão triste. Cumprimentei-o formalmente enquanto ele pegava alguns livros na estante. Comecei a datilografar um documento, evitando olhar diretamente para ele. Quando finalmente fez menção de sair, não pude evitar-lhe os lindos olhos negros. Mal trocamos duas palavras, mas meu coração acelerou-se. Finalmente, quando ele saiu, respirei aliviada. Acabei rindo sozinha, pois errei toda a datilografia, transcrevendo palavras fora de ordem e sem nexo. Sentei-me um pouco no sofá para recobrar as forças. Fechei os olhos e tive uma visão perturbadora: vi Rudolf envergando o chapéu do homem misterioso dos sonhos. Assustada, tratei de me concentrar no trabalho para não me entregar a tal fantasia. Precisava cuidar-me para não me esquecer de que era apenas uma secretária encantada com o dono da casa, e que estava tendo alucinações. Certamente, ele nem notara minha presença.

No entanto, não podia dizer o mesmo de Leopold. Sem tentar disfarçar, ele demonstrava interesse por mim. Por mais de uma vez ele se insinuara, deixando claras suas intenções. Sem sombra de dúvida, era um homem bonito, mas eu tinha de admitir que estava irremediavelmente apaixonada por seu ex-cunhado. Cheguei a pensar em demitir-me quando o assédio tornou-se insuportável. Mas logo pensava que saindo dali jamais veria Rudolf novamente, o que me levava a persistir. Até que um dia fui submetida a um duro teste.

– Serei direto, Louise, não sou homem de muitos rodeios. É uma mulher inteligente e bem sabe quando um homem está apaixonado, não é verdade, senhorita? Pois bem, por que insiste em se fazer de misteriosa? Não vê que estou decidido a conquistá-la? – Bombardeou-me Leopold.

Ah, como desejava ouvir tal confissão de outros lábios! No entanto, não podia retribuir os sentimentos dele:

– Sinto muito, mas ainda não esqueci meu noivo e tenho esperanças de reencontrá-lo – menti, fazendo alusão a Gustav.

Mesmo sabendo que estava cometendo um grave erro, preferi mentir a confessar a verdade. Mas a reação de Leopold foi surpreendente, ele começou a gargalhar.

– Ora, mas isso me parece uma desculpa, pois nem ao menos usa aliança. Ademais, não me parece tocada ao falar dele. Talvez esteja apaixonada por outro homem – insinuou ele, olhando-me diretamente nos olhos.

"Leopold era muito esperto. Teria percebido minha atração por Rudolf? De qualquer forma, não estava disposta a ceder."

– Senhor Leopold, creio que é melhor eu providenciar agora mesmo meu pedido de demissão!

Sua expressão mudou. Antes altivo, parecia agora receoso.

– Ora, mas que bobagem! Não aceitarei sua saída. Ademais, saberei esperar e tenho certeza de que um dia aceitará minha corte.

Tive alguns dias de paz. Sempre que era possível, procurava saber mais detalhes sobre a vida de Rudolf. Segundo minha amiga Gertrudes, Leopold dizia que France engravidara porque Rudolf queria muito ter um filho. Ela, porém, não podia engravidar, por proibição médica, pois tinha a saúde muito frágil. Assim, quando soube do terrível diagnóstico de sua doença – estava com leucemia – teria dito, enlouquecida:

– Terei um filho assim mesmo, pois preciso satisfazer meu amado!

Como era obstinada, ninguém conseguiu fazê-la mudar de idéia. Quando o médico soube da notícia, foi categórico:

– Como a leucemia ainda não foi vencida, dificilmente a criança sobreviverá.

Ele estava certo. Três meses depois, ela teve um aborto seguido de forte hemorragia, e o sangramento poderia ter sido fatal.

Seu quadro clínico foi piorando rapidamente, sem que os médicos conseguissem evitar a evolução da doença. Rudolf não saía de seu lado, desesperado por vê-la tão doente. Mas todas as tentativas foram inúteis. Quando France estava com apenas um fio de vida, ela o fez jurar que jamais iria casar-se novamente. Ele jurou, e ela finalmente cerrou os olhos para sempre. Naquele mesmo instante, sem respeitar a dor de seu cunhado, Leopold berrou:

– Assassino! Você foi o culpado, induzindo-a a engravidar. Você a matou!

Quanta injustiça! Durante o casamento, Rudolf tinha sido mais do que um marido. Paciente, carinhoso, fazia todas as vontades da esposa mimada. Suportava com resignação os modos esnobes do cunhado, que viera morar com eles por imposição de France. Presunçoso, Leopold logo se sentiu dono da casa, com a aquiescência de sua irmã. No fundo, eles eram muito parecidos. Gertrudes relatava os fatos e vertia lágrimas de tristeza por seu querido patrão que, segundo ela, sempre fora bom e generoso com os dois.

Quando soube que Rudolf iria pilotar aviões de guerra senti uma dor indescritível. Ele era inglês de nascimento e voltaria às suas origens servindo à RAF. Depois de sua partida, entreguei-me à angústia, pois temia nunca mais revê-lo. Tive de guardar minha apreensão sem nada dizer a ninguém, pois minha paixão por ele era um segredo inviolável. Ficava imaginando que, como ele era infeliz, poderia atirar-se à batalha sem temer a morte. Assim, mais uma vez eu perderia um grande amor. Relembrei todo o sofrimento passado com Gustav e orei fervorosamente para que nada acontecesse àquele que tanto amava.

Com a ausência de Rudolf, sentia-me fraquejar aos insistentes convites de Leopold. Gertrudes era minha força, pois parecia saber de quem eu realmente gostava. Ela vivia dizendo:

– Espere, ainda encontrará o homem de sua vida.

Eu tentava evitar lembranças tristes, como o desaparecimento de Gustav, pois sempre que as relembrava, ficava pessimista com relação a Rudolf. Com o passar do tempo, comecei a acreditar que Rudolf também poderia estar morto, que jamais voltaria, como tinha acontecido com Gustav. Desolada, fui cedendo aos insistentes convites de Leopold. Quando dei por mim, ele falava em casamento. Eu parecia estar vivendo algo irreal, sentia-me estranha. Temerosa de que a depressão voltasse a me atingir novamente, aceitei a corte de Leopold inconscientemente. Estava me sentindo muito solitária e carente. Ele parecia apaixonado, era galanteador e generoso. Quando dei por mim, ele estava em minha casa fazendo o pedido oficial. Encantou meus pais com sua fala agradável e seus modos finos, demonstrando ter sérias intenções. Surpreendida e completamente desiludida com relação a Rudolf, cedia cada vez mais a seus pedidos. Afinal, não poderia esperar eternamente por um homem que mal sabia de minha existência. Não podia alimentar um amor platônico, impossível. Foi assim que resolvi selar um compromisso com um homem que não amava, mas que me oferecia seu amor, apaixonadamente. Estava entregando meu destino nas mãos do acaso e não podia imaginar o que estava escrito nas páginas do livro de minha vida.

10

Amor cigano

OS TEMPOS DE GUERRA NÃO PERMITIAM GRANDES festejos. Nossos parentes de Marselha não puderam vir, pois as fronteiras estavam definitivamente fechadas. Mal tive tempo de completar meu enxoval, pois nos casamos exatamente um mês após o dia do pedido. A cerimônia realizou-se na sala de estar onde eu tinha entrado pela primeira vez como candidata a secretária. Ah, jamais poderia imaginar que um dia estaria desposando meu patrão. Ainda parecia anestesiada.

Assinamos o livro de registro na presença de papai, mamãe, Gertrudes e um casal amigo de Leopold. Nossa comemoração foi um brinde com champanhe, acompanhado pelo tradicional bolo de noiva. Logo em seguida, viajamos para a lua-de-mel. Em poucas horas chegamos até uma bela propriedade no campo, refúgio de paz de seu ex-cunhado, Rudolf. Ao avistar as planícies verdes recobertas de flores do campo, lembrei-me dele. Com esforço, lutei contra pensamentos proibidos. Sabia que não agira corretamente, pois desposara um homem amando outro. Mas estava disposta a mudar o rumo do meu destino: esqueceria Rudolf com a ajuda do tempo e de meu marido, que me cobria de atenções.

O lugar era magnífico. Quis conhecer o haras que abrigava a criação de cavalos de raça. Mesmo sem saber montar muito bem, pedi que selassem um animal manso e saí a passeio pelos campos, descobrindo recantos de pura beleza e tranqüilidade. Os caseiros, Thierry e Jeanne, eram adoráveis. Pessoas simples, redobravam-se em atenções, adivinhando nossos desejos. Ao partir, decidi dar a ela um pequeno porta-jóias que tocava música, do qual ela tanto gostara. Exultante, ela me agradeceu espontaneamente com um abraço, na frente de Leopold. Neste mesmo dia conheci o lado obscuro de sua personalidade. Já no automóvel, de volta a Paris, ele me repreendeu duramente:

– É assim que costuma tratar os empregados? Com intimidades, dando-lhes inclusive presentes? De agora em diante, é patroa e deve ensinar-lhes o seu lugar. Não quero vê-la de conversa com os criados, principalmente com Gertrudes. Ela é uma fofoqueira e sei que não gosta de mim. Se tiver que ir à cozinha, que seja para dar ordens! Será que fui bem claro?

Evitei olhar para ele. Não podia crer que ele mudara tão rapidamente. Onde estava o homem adorável de pouco tempo atrás? Resignada, resolvi não responder. Pelo contrário, queria acreditar que aquela atitude não se repetiria. Não deveria tirar conclusões precipitadas, esperaria que tal cena caísse no vazio do esquecimento.

De retorno a Paris, minha vida modificou-se completamente. Agora tinha tempo livre para fazer o que quisesse, menos trabalhar.

No início, demorei a me acostumar, mas logo Leopold contratou outra secretária e tive de me conformar. Ademais, administrar a casa era tarefa que Gertrudes fazia muito bem. Assim, passava os dias entre passeios, compras e visitas a meus amados pais, que sentiam muito minha falta. Logo Leopold revelou seu ciúme, exigindo-me satisfações de tudo o que eu fazia, como se não confiasse em mim. Passou a controlar todas as minhas saídas, queria que eu me afastasse de meus pais e não aceitava que tivesse amigas. Enfim, sentia-me como uma prisioneira.

Decidimos não ter filhos logo, pois a guerra não nos permitia fazer muitos planos. Quando precisava conversar, procurava Gertrudes, que me recordava a saudosa e querida Esther. A cada dia, Tude, contava-me mais detalhes sobre a história de Rudolf.

Tudo começara em uma festa, em que France era a mais cortejada da noite. Acompanhada pelo irmão, ambos chamavam todas as atenções pela semelhança e pela beleza. Dançavam juntos quando ela avistou Rudolf e apaixonou-se perdidamente. Determinada a conquistá-lo, persistiu até despertar também o seu interesse. Naquela época, ele já havia vivido um drama familiar que lhe deixara profundas marcas. Estava solitário, entristecido e a alegria de France era contagiante. Não demorou muito e decidiram se casar.

Sempre que Leopold percebia minhas conversas com Tude, ficava irritado e até mesmo agressivo. Tal reação assustava-me, provocando um pavor inexplicável. Eu não ousava responder, como se já pressentisse do que ele seria capaz. Passei a conversar com Gertrudes apenas em sua ausência, com a compreensão dela, que já o conhecia bem. Mesmo depois de casada, ainda tinha sonhos enigmáticos e cada vez mais reveladores.

"O campo florido estendia-se à longa vista. Eu estava de braços dados com meu cavalheiro, quando dois ciganos se aproximaram. A mulher, Sarah, jogou-se aos pés de meu amado, vociferando com ódio. Incitou seu irmão Ciro a desafiá-lo para um duelo. Este gritou com ódio:

– Vê o que fez? Desprezou-a, a mais bela cigana da tribo. Mas antes, ela se entregou de corpo e alma e agora carrega um filho seu. Seu infeliz, você vai pagar com sua própria vida tamanha desfeita!"

Passei o dia seguinte preocupada. Tinha visto o mesmo ódio nos olhos de Leopold, o mesmo brilho enlouquecido. Por tal razão, não me atrevia a enfrentá-lo, preferindo aquiescer. Não demorou muito e ele revelou outra falha de seu caráter: a infidelidade.

Certo dia, já um pouco desconfiada, voltei mais cedo de minha visita a meus pais. Fui encontrá-lo no escritório e resolvi entrar sem bater. E lá estava ele com sua secretária, trocando carícias. Surpreendido, ainda teve o desplante de gritar comigo. Dei-lhes as costas sem nada dizer, pois não lhes daria a chance de me verem chorando. Daquele dia em diante, a pouca estima que nutria por Leopold diminuiu ainda mais. Como eu não satisfazia seus loucos desejos e já o havia flagrado com sua amante, ele decidiu voltar à sua vida boêmia. Saía todas as noites e voltava de madrugada, completamente bêbado. Mudei de quarto e passei a deixá-lo trancado. Quando ele chegava e não me encontrava, batia insistentemente e forçava a entrada. Logo, porém, desistia e ia dormir, acordando no dia seguinte bastante tarde e de péssimo humor. Então ele descontava sua ira em mim, em Gertrudes e até mesmo em sua amante, a secretária.

Minha vida tornou-se um martírio. Certa vez, ouvi uma voz feminina em seu quarto, que era ao lado do meu. Sabia que ele estava trazendo meretrizes para casa, para me humilhar ainda mais. Ouvia suas risadas e seus palavrões. Profundamente arrependida por ter-me casado com ele, pensei em abandoná-lo e cheguei a arrumar as malas várias vezes. Mas ele se ajoelhava pedindo perdão, jurava amor eterno, ameaçava matar-se. E eu ia cedendo, sem saber ao certo o porquê.

Tinha de mentir aos meus pais, fingindo estar doente para que não me vissem tão triste e abatida. Vivia atormentada, era completamente infeliz. Para não enlouquecer, resolvi acompanhar Gertrudes às suas visitas aos orfanatos e abrigos de idosos. Ajudar os mais necessitados tornou-se um bálsamo para minhas dores, além de estar cada vez mais apegada à Doutrina Espírita. Em seus ensinamentos encontrava forças para suportar as desavenças com meu marido. Ele me parecia cada vez mais transtornado, sem condições psicológicas de enfrentar suas próprias fraquezas. Vivíamos uma mentira.

E a guerra continuava.

Certa tarde, passando pela Place de la Concorde, percebi uma movimentação. Aproximei-me e vi uma multidão enlouquecida avançar sobre soldados alemães, encurralando-os. Eu conhecia a coragem dos Resistentes e sabia que ali estava um grande número deles. Mas, aos poucos, começou a chegar reforço para dispersar os revoltosos. Quando dei por mim, estava no meio da confusão, correndo entre as pessoas que tentavam fugir das bombas de gás lacrimogêneo. Como alguns manifestantes insistiam em enfrentar a força inimiga, eles começaram a atirar a esmo. Aos gritos, todos corriam tentando fugir das balas. Desesperada, reconheci meu pai entre eles. Tomada por uma força desconhecida, enfrentei a multidão exasperada e alcancei-o, puxando-o pelo braço em direção a um abrigo. Escondemo-nos durante algum tempo, até que a confusão diminuiu e a multidão dispersou-se. Só então percebi que papai estava com o rosto coberto de sangue, pois uma das balas tinha-o atingido de raspão.

– Papai, precisamos fazer um curativo, vamos até minha casa.

Lá chegando, enquanto eu limpava a ferida, ele me contou o motivo da revolta:

– Soubemos que aqueles animais estão matando crianças judias ou utilizando-as em experiências científicas. Ah, minha filha, sabe como amo meus netos! Quando imagino essas barbaridades, tenho vontade de matar esses seres maldosos! – Desabafou ele, entre soluços.

Abracei meu velho pai. Admirava sua força e sua determinação. Seguiria seu exemplo de coragem para levar minha missão até o fim. No final daquele triste dia, ainda fui obrigada a ouvir Leopold dizer:

– Não sei por que tanta revolta com algo tão correto. Se querem exterminar os repugnantes judeus, nada mais certo do que desaparecerem também com as crianças.

Era o Leopold de sempre: orgulhoso, racista, esnobe. Quanto mais ele se revelava, mais eu o desprezava.

Em dezembro de 1942, a França assistiu desolada a mais um triste episódio de sua História. Para não entregar sua tropa mercante aos odiados alemães, os franceses preferiram explodir seus próprios navios como única saída de honra.

Em Stalingrado, um dos melhores exércitos de Hitler foi aprisionado. O Canadá juntou-se aos EUA e à Inglaterra para tentar aniquilar definitivamente o inimigo.

Em nossa casa, as coisas pioravam a cada dia. Agora, Leopold exigia que tivéssemos um filho. Mesmo amando crianças, nunca aceitaria carregar em meu ventre uma semente de alguém tão desprezível. Como ele insistisse em ter intimidades comigo, fiz minhas malas e voltei para a casa de meus pais. Mas foi pior, pois ele passou a atormentá-los também, fazendo-se de bom e injustiçado. Não nos deixava em paz. Quando acreditei que ele parecia realmente arrependido, resolvi voltar mediante a condição de que manteríamos quartos separados.

– Verá como meu amor é verdadeiro e puro, Louise. Aceito suas condições. Não vou perturbá-la mais, juro! Mas eu lhe imploro, volte para casa!

Restava-me ter piedade por aquele que, um dia, quis amar como esposo. Como não conseguira mesmo esquecer Rudolf, ouvia com muito interesse o que Tude contava sobre ele. Certamente, ela percebia o brilho diferente em meus olhos, mas se mostrava discreta. Soube que, entre todas as suas atribulações, uma fora especialmente triste. De tradicional família inglesa, vivia com os pais e o único irmão em uma casa de campo, nos arredores de Londres. Lá havia conforto e harmonia espiritual. Desde cedo ele se interessou por aviões, sendo incentivado pelo pai em sua vocação precoce. Estudou nos melhores colégios de Londres e escolheu seguir carreira de piloto profissional. Seu avô, comandante da I Guerra Mundial, havia sido condecorado com honras de herói como piloto de aviões de combate.

Assim como o avô, Rudolf mostrou-se destemido nos ares. Logo seu irmão mais novo quis aprender a pilotar. Com a permissão dos pais, ele ensinava Richard, que aprendia com facilidade e também demonstrava grande coragem. Mas o destino foi cruel com aquela família. Em um claro dia de verão, em que o céu estava limpo, Richard apresentava-se juntamente com a esquadrilha de aviões acrobatas quando ocorreu um grave acidente. Fatalmente, seu querido e único irmão perdeu o controle da máquina e aterrizou para a morte. Foi um duro golpe, principalmente para Rudolf, que passou a considerar-se culpado pela perda. Dizia ele que, se não tivesse ensinado o irmão, nada disso teria acontecido.

Gertrudes tinha sido a babá dos dois e ainda trabalhava com a família, tendo presenciado o desespero de todos. Depois daquela data, ele nunca mais foi o mesmo. Não suportava ver o quarto vazio do irmão e os pais chorando pela casa. A cada dia que passava aumentava ainda mais seu sentimento de culpa. Resolveu então viajar a Paris e, passados alguns meses, avisou aos pais que se mudaria definitivamente para lá. Seus pais tentaram fazê-lo mudar de idéia, mas de nada adiantou. Aceitou apenas a sugestão de sua mãe para que levasse Gertrudes, que era sua antiga ama e o adorava como a um filho. Solteira e desimpedida, Tude acompanhou-o à França para apoiá-lo na tentativa de reconstruir sua vida, que desmoronara com a morte do irmão. Tais fatos explicavam a tristeza em seu olhar, reforçada pela viuvez precoce e pela perseguição implacável de Leopold, que insistia em chamá-lo de "assassino".

As alegrias de outrora havia muito não agraciavam aquele nobre coração, totalmente desiludido por repetidas tragédias. Assim, quando recebeu a convocação da RAF, aceitou sem pestanejar. Estaria de volta à Inglaterra e teria a oportunidade de rever seus entes queridos. No entanto, Tude não entendia a falta de notícias e já estava ficando desesperada. Expliquei a ela que dificilmente cartas da Inglaterra chegariam ao destinatário em Paris, devido à censura. Estávamos ilhados e só nos restava orar.

Quando menos esperava, Leopold mudou de comportamento, em nome do amor que dizia sentir por mim. Tornou-se caseiro, mais humilde e humano. Gertrudes e eu ficamos muito desconfiadas, ainda mais quando ele trouxe para casa um senhor de meia-idade.

– Este é Bertrand. Ele virá morar conosco e fará serviços gerais em troca de casa e comida. Tratem-no bem, pois foi ele quem me ajudou a enxergar a verdade.

Ainda desconfiadas, ouvimos o que Leopold tinha a contar. Segundo ele, certa noite tropeçara em um mendigo na sarjeta em frente ao cassino onde costumava jogar. Abaixou os olhos e viu tanta tristeza naquele homem que se condoeu. Ofereceu-lhe comida e recebeu um sábio conselho como agradecimento:

– Ouça, meu jovem, pare de beber e de jogar enquanto ainda tem saúde. O vício é a pior das perdições. Já tive uma linda família e fui feliz, mas coloquei tudo a perder. Gastei o que não tinha, abandonei a família e provoquei a pior das desgraças que pode abater um homem: a morte de meu próprio filho!

Ouvia aquela história estarrecida. Parecia-se muito com a de André, o jovem médico de Marselha. Mas deveria ser apenas coincidência. Leopold continuou a contar a trágica história de Bertrand até pronunciar o nome do filho dele que havia morrido: Claude. Levei um choque! Aquele era, sem dúvida, o odiado pai de André.

Não sabia o que fazer. Deveria revelar tudo naquele instante? Contar que tinha conhecido um de seus filhos? Dizer a ele o quanto os havia feito sofrer em conseqüência de seus desatinos? Preferi me calar. A guerra estava ainda muito presente e ninguém sabia o que poderia acontecer no dia seguinte. Percebi que Leopold tinha se afeiçoado àquele homem, e talvez ele realmente poderia ajudar-nos a salvá-lo de sua própria ignorância. Parecia que meu marido havia se reconhecido naquele espírito, prevendo o que poderia acontecer-lhe em um futuro não muito distante.

Com o passar do tempo, o que parecia impossível aconteceu. Leopold passou a ser um marido amoroso, tentando a todo custo reconquistar-me. Mesmo assim, continuei dormindo em meu quarto. Conformado, ele aceitou a idéia. Quanto mais ele melhorava espiritualmente, mais parecia abatido fisicamente. Emagrecia a olhos vistos e, certo dia, Bertrand o encontrou caído no jardim. Levado imediatamente ao médico, ele foi internado para realização de exames. Sem muito rodeio, o doutor Jean-François disse-nos:

– O paciente apresenta uma grande elevação da taxa de glóbulos brancos, o que nos leva a pensar que ele talvez esteja com leucemia.

Apavorado, Leopold soube que poderia estar com a mesma doença de sua falecida irmã. A partir daquele dia, ele foi submetido a uma bateria de exames para confirmar, ou não, a hipótese diagnosticada.

11

Revelações

MARÇO DE 1943. AGORA, A ANTIGA ALIADA ERA uma cruel inimiga. A Rússia lutava ostensivamente contra a Alemanha. Por seu lado, Mussolini, diplomático, apelava a Hitler que fizesse as pazes com Stálin, o que era impensável para o comandante. Os aliados só pensavam em como eliminar o *führer*, o que era quase impossível, pois ele vivia protegido por uma obsessiva guarda particular. Jamais andava desprevenido, sem colete à prova de balas e diziam que até seu quepe era blindado. Um médico de confiança provava todas as suas refeições antes de lhe serem servidas.

Os jornais estampavam notícias de Marselha, e nossas preocupações aumentavam, pois lá estavam nossos parentes, que havia muito não víamos.

Em casa, Leopold vivia um drama particular, pois iniciara um doloroso tratamento sob orientação do amável doutor Jean-François. Soube que ele tinha acompanhado o caso de France e que, mesmo sob seus extremosos cuidados médicos, a doença havia evoluído gravemente. Desenganado, sem esperanças de cura, ele se apegava desesperadamente a mim. Mal podia afastar-me, sob o risco de vê-lo piorar. Passava o tempo todo à sua cabeceira, orando e ministrando-lhe medicações. Mas ele perdia o controle e, às vezes, mostrava-se revoltado, desobedecendo às ordens médicas. Agressivo, enfurecido contra seu destino, chegou a quebrar vários objetos. Muitas vezes precisei apelar a Bertrand, o único capaz de acalmá-lo. Parecia que Leopold creditava a ele uma autoridade paterna.

– Por quê? Expliquem-me o porquê desta sina, qual a lógica deste Deus a quem vocês aclamam. Logo agora, que eu estava em pleno processo de regeneração. Lembro-me com clareza do calvário de France. Custava-me vê-la, antes tão bela e vaidosa, entregue àquela dor. Seus lindos olhos nublaram-se, seus cabelos caíram, sua pele cobriu-se de manchas. Ficou com os ossos saltados, precisou usar uma cadeira de rodas. Fugia dela o mais que podia. Não reconhecia mais minha amada e linda irmã. Aquela só podia ser outra pessoa. Ela percebeu minha rejeição e acusou-me de covarde. Tentei aproximar-me, mas não tive forças. Quando estava no fim de sua vida, eu ainda via em seus olhos a acusação: "Covarde, afastou-se de mim quando eu mais precisei". Em compensação, Rudolf era só atenção e paciência. E eu o odiava ainda mais por ele ser tão bom, enquanto eu era tão fraco. E agora, olhem para mim; estou igual à France, pareço uma caricatura de mim mesmo. Repito: Que Deus é este, que deixa morrer um homem no auge de sua vida? – Blasfemava ele.

Numa certa noite de vigília, tive uma impressionante visão. De olhos fechados, mas consciente, entrei em uma espécie de torpor.

A um canto do quarto, uma brilhante luz surgiu, quase me cegando. Ouvi um sussurro: "Abra os olhos devagar, Louise". Assim o fiz, até que me acostumei à claridade. Mal pude acreditar no que vi. À minha frente estava France, envolta por uma bruma translúcida e transparente. Ela chegou mais perto, com um sorriso encantador nos lábios e disse-me:

– Louise, conheço-a há muito tempo. Não fique constrangida, não sou mais aquele espírito atormentado de antes. Minha última encarnação foi desastrosa e, desencarnada, fui direto para o umbral[12]. Conheci todos os sofrimentos, penei na escuridão. Passou-se muito tempo até que tive uma chance por meio da luz radiante de espíritos evoluídos e não a desperdicei. Abracei de todo o coração a oportunidade de conhecer o outro lado, e iniciei meus estudos em direção à evolução. Sim, todos nós temos várias chances e as desperdiçamos por ignorância. Em um plano de paz, estudei, ouvi palestras, tive consciência do mal que pratiquei aos outros e a mim mesma. Foi uma expurgação difícil, mas recompensadora. Fui uma aluna aplicada, arrependi-me sinceramente de todos os meus erros. E agora recebi permissão para retornar à Terra e ajudá-la em sua difícil missão com Leopold. Conheço-o bem, eu era muito parecida com ele. Sou inclusive muito responsável por seus desatinos, pois usei de minha ascendência para instigá-lo a praticar o mal. Posso tornar o sofrimento de vocês mais suportável e assim, resgatar as minhas dívidas.

Logo em seguida, aproximou-se do leito de Leopold e colocou as mãos sobrepostas sobre ele; primeiro sobre as têmporas, onde ela afirmava estar vendo uma ferida espiritual. E continuou

12. Umbral: ambiente espiritual trevoso e infeliz criado pela força do pensamento de milhares de criaturas em desajuste (N.E.).

ministrando passes no estômago e no fígado, doloridos pelas bebedeiras; na região genital, prejudicada pela vida promíscua; no coração, devido ao descontrole emocional. Pediu-me que recitasse uma prece e assim ficamos durante algum tempo. Aos poucos, a expressão de Leopold aliviou-se. Ao terminar, ela falou baixinho:

– Procure ser dócil, meu querido. A fúria só piora seu estado físico e espiritual, já tão debilitados. A partir de hoje, estarei sempre presente.

Depois de se despedir carinhosamente, ela partiu, deixando um leve perfume. E na manhã seguinte, Leopold já estava bem melhor, mais calmo e mais sereno. Aceitou as prescrições médicas sem reclamar e sem fazer grosserias ao doutor Jean. Mas os exames continuaram confirmando o prognóstico: os leucócitos triplicavam e as hemácias diminuíam cada vez mais. Seu quadro era considerado delicado, pois ainda apresentava distúrbios estomacais e pulmonares.

De minha parte, continuava a estudar a Doutrina Espírita para entender o que se passava comigo. Afinal, via France todos os dias, além de Ângeli, e comunicava-me com eles. Eu era médium vidente, ouvinte e de cura, segundo pude entender pelos escritos de Allan Kardec. Tais capacidades tinham aflorado devido à situação crítica, pois a guerra continuava cada vez mais feroz.

Certa noite, tive uma grata surpresa: em um desdobramento, encontrei-me com minha querida sobrinha Suzanne! Ela estava radiante e feliz, mais bela do que nunca. E estava acompanhada de dom Pablo. Por um breve instante, uma dúvida passou-me pela cabeça, mas ele respondeu antes que eu perguntasse:

– Não, eu não desencarnei, minha cara. Estou aqui, mas tenho o corpo adormecido aguardando meu regresso. Como você! Agora, ao trabalho.

Quando dei por mim, estávamos em uma casa de jogos repleta de homens e mulheres. Era um ambiente deplorável, com espíritos encarnados e desencarnados envoltos em sombras. Nossa missão era orientá-los, tentando afastá-los do vício da bebida e do jogo. Tentamos dissuadir as mulheres da sedução barata e inconseqüente. Era interessante, pois alguns seguiam nossos conselhos e partiam resignados. Outros riam com escárnio, desprezando a doutrinação.

Julho de 1943. As notícias da guerra caíam como bombas em nossa cabeça. Nossa amada Paris foi bombardeada, mas o centro histórico, poupado, o que nos levava a crer que o tirano tinha mesmo grande apreço pelas artes. Apavorados, corremos todos para o quarto de Leopold, tentando defendê-lo, pois ele estava preso a uma cama. Tinha trazido meus pais para morarem conosco, temerosa pela vida deles. E eles me ajudavam muito com Leopold, revezando-se comigo à sua cabeceira. Logo após o bombardeio, ninguém conseguiu segurar papai em casa. Pedi a Bertrand que o seguisse e ele assim o fez. Passadas algumas horas angustiantes, ambos voltaram ilesos.

Aproximava-se o final de 1943. Pela primeira vez aconteceu em Moscou uma manifestação clara de que os nazistas começavam a ser derrotados: um desfile de prisioneiros alemães. O povo saiu às ruas em delírio. Era a primeira grande manifestação da derrota irreversível do carrasco Hitler. Stálin e Roosevelt decidiram o destino da guerra e pouco consultaram Churchill, que ficou relegado a segundo plano na Conferência de Teerã.

Nós, franceses, éramos acusados de covardes e colaboracionistas, pois tínhamos aceitado com submissão as imposições do inimigo. Mas eles se esqueciam da Resistência, que sempre agira na clandestinidade e promovia manifestações cada vez mais ousadas. Seus espiões eram muito bem treinados e conseguiam informações valiosas e cruciais. E continuavam lutando, mesmo após sofrerem represálias cruéis como o massacre de Chateaubriand[13], uma ferida que para sempre permanecerá aberta em nosso coração, tamanha a crueldade praticada pelos carrascos nazistas.

Início de 1944. Leopold mudara muito. Antes orgulhoso e vaidoso, tivera de se conformar com sua nova imagem física. Sempre mantivera a soberba por ser belo, e tal predicado cegava-o para a importância dos dotes espirituais. Sem sua melhor arma, sentia-se incapaz de seduzir. Passou a valorizar qualidades antes desprezadas, como o desprendimento, a humildade e a temperança. Sua personalidade transformava-se juntamente com o seu corpo, agora aniquilado pela implacável doença. Tivemos de tirar todos os espelhos da casa, pois ele não suportava ver refletida sua imagem. Gertrudes nos contou que France exigira o mesmo quando estava chegando ao fim.

Vencido, exatamente pelo corpo cultuado, ele percebera o quanto se dedicara a algo efêmero. Para piorar, com os cortes de energia e o racionamento de mantimentos, víamos seu estado agravar-se de mãos atadas. Mas existiam pessoas que ainda eram capazes de encontrar a felicidade, mesmo diante do caos. Minha inseparável amiga Gertrudes desposara Bertrand, agora um homem refeito. O grande sofrimento que ele havia provocado e que havia também vivido lhe tinha servido de lição. Tornara-se prestativo, solidário e honesto. Conseguira conquistar o nobre coração de Tude. Vidas completamente diferentes unidas pelos laços do amor, prova

13. Massacre de Chateubriand: a 22 de outubro de 1941, os alemães fuzilaram em Chateubriand, França, 27 reféns, incluindo crianças, mulheres e idosos, em conseqüência do assassinato de um oficial alemão (N.A.).

da benevolência divina para com aqueles que se regeneram com sinceridade. Ainda não tinha tido coragem de contar a ele que conhecera seu filho André. Mas sabia que sua primeira esposa já havia falecido fazia alguns anos e não vi mal algum no casamento de duas pessoas livres e desimpedidas.

Certa noite, em que velava Leopold, France aproximou-se de mim e disse:

– Tive permissão para as revelações.

Fiquei assustada e confusa. Do que estaria falando?

– De nosso passado, Louise. Ele começou precisamente em 1824:

"A história da França serviu de cenário para o começo de nossa história. Após a derrota de Waterloo, Napoleão Bonaparte foi deportado para a ilha de Santa Helena. Iniciava-se então o reinado de Luís XVIII, conhecido por suas fraquezas, mas respeitado por sua inteligência. Autoritário, ele mandou fechar a Câmara dos Comuns, criando um clima de desordem e derrota. Aqueles que se opunham a seu regime eram agressivamente reprimidos e muitos foram mortos. Existia uma região politicamente estratégica, situada entre a França e a Espanha, cobiçada pelos dois países por seus vales férteis: a bela Navarra. Ali se instalava uma guarda com oficiais e soldados sob ordens diretas do rei.

– Exatamente neste momento da história do século dezenove, iniciou-se outra história. Viviam por ali alguns ciganos reunidos em acampamentos, sem morada certa. Entre eles, Sarah, uma jovem cigana que se sobressaía às demais por sua beleza e sua astúcia. Tinha um irmão, Ciro, também belo e temido por sua valentia. Desde pequena, Sarah estava prometida a Ivo por um trato entre famílias, feito à sua revelia. Aceitava seu destino imposto, pois conhecia bem as leis de seu povo. Ademais, desprezava qualquer

outro homem que não fosse cigano, pois tinha orgulho de sua gente. E Ivo a amava muito, realizava todos os seus desejos e se dava muito bem com seu irmão. Enfim, parecia que nada poderia mudar o rumo dessa história.

Mas, certo dia, Sarah e Ciro saíram a cavalo pelos arredores do acampamento. Eram descendentes de rica linhagem, vestiam-se com luxo, exibiam muitas jóias e montavam cavalos magníficos. Sabiam que causavam forte impressão por onde passavam. Perto de uma cerca viva, que devia ser o limite de alguma propriedade, resolveram descer e amarrar os cavalos. Como tinham sede, decidiram pular a cerca à procura de água, pois ouviram o barulho de um rio corrente. Assim, sem titubear, invadiram as terras e caminharam silenciosamente para não chamar a atenção de ninguém.

Quando menos esperavam, ouviram vozes e esconderam-se atrás de alguns arbustos. Foi então que depararam com uma bela cena: perto de um campo florido, dois jovens trocavam juras de amor. Aquela visão provocou reação idêntica nos dois irmãos. Eles ficaram magnetizados pela beleza do par e fascinados pela pureza de seus sentimentos. O jovem usava farda, chapéu e espada. De uma beleza tentadora, tinha olhos e cabelos tão negros que pareciam azulados à luz do Sol. Sua dama, esguia e formosa, vestia-se com roupas elegantes e trazia uma cesta de flores do campo nos braços. Era linda, tinha os olhos de um azul profundo, cabelos longos, dourados e esvoaçantes. Estavam visivelmente apaixonados.

Existiam leis ciganas rígidas que, uma vez rompidas, provocavam sérias punições. Os irmãos sabiam disso, mas decidiram ali mesmo que conquistariam aqueles que provocaram tão avassaladoramente seus desejos. Afinal, eles acreditavam que com riqueza e beleza conquistariam tudo e todos. Sarah, que estava de casamento marcado, queria divertir-se um pouco antes do enlace. Ciro, que era muito volúvel e havia se cansado das mulheres da tribo queria novos desafios.

– Terei esta mulher! – Exclamou ele, convicto.

Assim, fizeram um pacto: descobririam tudo sobre o casal e depois conquistariam o coração deles. Parecia fácil e infalível. Descobriram que o oficial chamava-se René e sua noiva Desirée. A extensa propriedade pertencia aos pais da noiva e ambos eram de família nobre. O par perfeito! Tudo o que os irmãos queriam era testar seus encantos fora da tribo, pois lá eles já eram muito cobiçados. Seria uma boa chance. Começaram a cavalgar freqüentemente por aqueles lados para chamar a atenção do casal, mas não foi tão fácil. A primeira a ser abordada foi Desirée, quando passeava fora dos limites de sua propriedade. Quando Ciro a viu, partiu para o ataque. Tratou de cruzar com ela e, acostumado a ser admirado por todas as mulheres, ficou surpreso com o descaso da garota. Ela seguiu orgulhosamente em frente, sem lhe dirigir ao menos um olhar.

– Ora, mas que empáfia! Ela não perde por esperar... – resmungou ele.

Depois foi a vez de Sarah. Mais esperta, ela arquitetou um plano. Dissimulada, ficou à espreita até avistar o belo oficial que vinha a galope. Naquele instante, enfiou as esporas em seu cavalo e foi derrubada ao chão.

– Oh, que infortúnio! – Exclamou, bem alto.

Como um perfeito cavalheiro, ele correu a acudi-la. Sarah viu então de perto o belo homem e sentiu o corpo viril junto ao seu. Ela não pretendia envolver-se, mas naquele instante ela se apaixonou perdidamente. Logo que René percebeu que ela estava bem e sem ferimentos, pediu licença e saiu apressadamente.

– Quero este homem a qualquer custo! – Praguejou.

Assim, como a brincadeira tinha se tornado séria, os irmãos resolveram agir com inteligência. Haveria uma festa tradicional na cidade, a "Festa das Flores", por ocasião da chegada da primavera. Toda a comunidade comparecia, inclusive os nobres. E os ciganos também tinham sido convidados, pois além de serem abastados sabiam cantar e dançar como ninguém. Aquele seria o dia ideal para colocarem seu plano em prática.

✣ ✣ ✣

A noite parecia estar brindando os festejos. Estrelada, convidava todos a se confraternizarem. Em uma mesa, rodeados por familiares, sentavam-se Desirée e René. Como um casal perfeito e apaixonado, trocavam olhares carinhosos. Quando Sarah avistou o casal, sentiu ódio de sua rival, jurando a si mesma que tomaria seu lugar nos braços de seu amado. Ciro, por sua vez, sentia também um ódio gratuito por René. Tudo aconteceu muito rapidamente. Quando a festa estava no auge, com as pessoas dançando e rindo despreocupadamente, Ciro sorrateiramente ateou fogo à viga de madeira que sustentava a tenda. A fumaça logo se espalhou, causando grande tumulto e correria. René afastou-se de sua amada para se juntar aos que tentavam apagar o fogo. Em meio à confusão, Ciro se aproveitou e apertou contra o rosto de Desirée um lenço embebido em éter. Em seguida, foi a vez de Sarah agir. Como René não encontrava a noiva em parte alguma, começou a perguntar a todo mundo sobre o paradeiro dela. Quando o jovem oficial perguntou a Sarah, ela mentiu, apontando a direção oposta à que Ciro realmente a havia levado. Desesperado com o sumiço da amada, ele aceitou sem pestanejar a ajuda da bela cigana que se ofereceu para lhe mostrar o caminho exato. Assim, enquanto cavalgava na garupa de seu escolhido, Sarah torcia para que Ciro tivesse realizado com êxito sua parte do plano.

E ele assim o fez. Como sua vítima encontrava-se indefesa, picou seu pulso e o dela com um espinho e uniu-os por meio do sangue, enquanto pronunciava algumas palavras incompreensíveis. Era uma oração cigana, que, segundo a tradição, unia eternamente as almas de seus adeptos desde que duas gotas de sangue também se unissem. Depois, era só entregar a jovem donzela sã e salva a seus pais para ter-lhes a gratidão eterna. Quando acordasse, estaria irremediavelmente apaixonada por seu herói.

A estratégia de Sarah, no entanto, era mais difícil. Ela havia procurado a feiticeira da tribo, aquela que realizava qualquer desejo em troca de ouro. Contara tudo a ela, que lhe explicou o que fazer. Naquela noite, deveria passar uma poção em todo o corpo e em seguida vestir-se de vermelho. Se o homem desejado a tocasse, não resistiria a seus encantos. Assim, Sarah percebeu que René estava ficando entorpecido com o perfume que exalava de seu corpo. Quando ela pediu que parasse um pouco, ele já parecia estar fora de si. Ela então iniciou uma dança sedutora, dando voltas e cantando uma música inebriante. Na verdade, tinha a intenção de hipnotizá-lo, pois o olhava diretamente nos olhos. Quando ele parecia confuso, ela se atirou em seus braços e ele não a rejeitou, parecendo mesmo estar em uma espécie de transe hipnótico. Enquanto entregavam-se à volúpia, ele sussurrava alucinado o nome de Desirée. E, Sarah, mesmo possessa de ciúme, fez-se passar por ela cumprindo sua parte da encenação. Quando ela achou que ele tinha adormecido, segurou-lhe firmemente o pulso e tentou perfurá-lo com um alfinete que trazia escondido nas vestes. Mas René teve uma reação inesperada, empurrando-a com força para trás.

– Então, pretendia enfeitiçar-me? Pensa que sou idiota? Mesmo confuso, tinha apenas minha amada Desirée na mente, e agora sei que você está mentindo. Diga a verdade, não sabe onde ela está, não é mesmo? – Bradou ele.

Quando se viu desmascarada, Sarah pulou sobre ele tentando furar-lhe o pulso com o alfinete, pois ela já havia picado o seu. Mais forte, ele a jogou no chão com desprezo e partiu em seu cavalo. Era o fim do plano para ela, que se viu abandonada à própria sorte com todo seu ódio e sua frustração. Só lhe restou voltar ao acampamento para ter certeza de que pelo menos Ciro conseguira realizar seu intento. Lá chegando, encontrou-o dormindo profundamente.

– Acorde, seu imprestável! – Gritou ela, descontrolada.

– Está ficando louca? Quer acordar Ivo? Se ele a vir chegando a esta hora e deste jeito, estará morta!

– Não vê que estou possessa? Então, conte-me logo tudo!

Assim, ela soube que seu atrapalhado irmão havia feito tudo certo e ela, que se considerava muito mais esperta, tinha visto seu plano malograr. Agora, nada mais havia a fazer, a não ser esperar até que ela pudesse pensar em outro plano.

Mal amanheceu o dia e René já estava na casa de sua noiva. Ele soube, pelos pais dela que um educado e gentil cavalheiro a havia levado até lá sã e salva. Quando pediu para vê-la, Desirée mandou lhe dizer que estava muito indisposta e não queria vê-lo. Como era de absoluta confiança de seus sogros, insistiu e acabou indo encontrá-la em seu quarto. Ela, porém, pareceu-lhe muito estranha, pois não demonstrou felicidade ao vê-lo e até pediu que ele fosse breve. René entendeu que ela estava esgotada pelo acontecido da véspera e evitou aborrecê-la ainda mais. De saída, tomou-lhe a delicada mão e a beijou, em despedida. Foi então que percebeu o ferimento em seu pulso. Sua inocente noiva tinha sido ferida por um cigano, como aquela mulher tentara fazer com ele. Para piorar tudo, ele se sentia corroído pelo remorso por ter traído sua amada ao se deitar com a vil cigana. A única saída seria reverter toda aquela história estapafúrdia em benefício dele e de sua amada, pois ambos tinham sido vítimas de um plano maligno.

Sarah estava enfurecida, pois a imagem de René a perseguia, tirando-lhe o sono e a tranqüilidade. Parecia castigo, pois quanto mais tentava esquecê-lo, mais se apaixonava. Seus sentimentos, na verdade, eram um misto de ódio e amor. Ela já não conseguia mais fingir como antes e passou a evitar até mesmo Ivo, que começou a ficar desconfiado.

Logo que pôde, Ciro se colocou no caminho de Desirée e ficou satisfeito com sua reação. Ela, quando o viu, desceu de sua montaria e estendeu-lhe docilmente a mão, parecendo hipnotizada por sua presença. No entanto, quando ele ia abraçá-la, René surgiu a galope:

– Solte-a, seu bandido, senão eu o mato!

– Ora, não seja tolo! Não vê que não a estou obrigando a nada. Ela está apaixonada por mim!

René, transtornado, desceu do cavalo e desembainhou a espada.

– Isso é o que veremos! – Exclamou ele.

Quando Desirée viu René empunhando a espada em posição de duelo, voltou imediatamente à realidade. O encanto quebrou-se graças ao amor verdadeiro que sentiam um pelo outro.

– René, não o enfrente, eu lhe peço. Vamos embora daqui. Não dê chances ao destino para que ele nos separe para sempre. Sabe que, se morrer, morrerei também!

Foi o bastante para que ele desistisse. Pegou sua adorada nos braços e partiu, sem se importar com os desaforos do cigano. Viver ao lado de Desirée era muito mais importante do que duelar por puro orgulho masculino. A Ciro restou apenas voltar ao acampamento e contar tudo à sua irmã. Mas lá chegando foi surpreendido ao encontrá-la em um canto, toda encolhida.

– O que foi? Está se sentindo mal? – Perguntou ele, aflito.

– Por favor, ajude-me, estou com uma forte hemorragia – implorou ela, chorando.

Mais do que depressa, ele a pegou nos braços e tentou levá-la à tenda dos pais. Ela, porém, reagiu apavorada e exigiu que ele a levasse para o meio da mata. Chegando à uma clareira, ele ouviu consternado que sua irmã havia engravidado naquela fatídica noite. Quando percebeu que o pior tinha acontecido, procurou a feiticeira e tomou uma poção abortiva.

Enquanto falava, o sangue esvaía-se de seu corpo. Ciro, desesperado, levou Sarah de volta à tribo e procurou Amina, a velha feiticeira. Ela, no entanto havia fugido, pois nada mais restava em sua tenda. Sem saída, procurou o chefe cigano e pediu-lhe ajuda. Este tentou salvar a vida de Sarah, porém ela perdera muito sangue. Quando viu que nada mais restava a fazer, mandou que chamassem seus pais e Ivo para as despedidas. Sarah veio a falecer exatamente ao primeiro raio de sol da manhã seguinte.

Ciro, louco de dor e remorso saiu correndo pela mata. Atormentado, sacou seu próprio estilete e enterrou-o no peito. Ferido mortalmente, ainda foi levado à tribo com vida. Mas, como sua irmã, não resistiu à hemorragia e morreu naquele mesmo dia."

Ouvi aquela longa história sacudida por fortes emoções. Parecia estar revivendo algo e France leu meus pensamentos:

– Tem razão em sentir algo familiar. Eu fui Sarah, Leopold foi Ciro. Padecemos de uma doença grave nesta vida para resgatar as insanidades do passado.

– Então Desirée e René...

– Sim, foram você e Rudolf! No entanto, hoje mesmo estas lembranças voltarão a seu inconsciente e você "esquecerá" tudo o que relembrou. Continuará tendo os mesmos sonhos, sem entender o significado. Esta é a lei, esquecer fatos do passado para ter a chance de acertar em outras vidas.

Por todas essas razões, eu amara Rudolf desde o primeiro instante e Leopold o odiava tanto. Segundo as leis da reencarnação, voltamos muitas vezes ao lado de nossas vítimas ou nossos algozes para resgatar dívidas. Naquela noite, como sempre fazia, li um trecho de *O Evangelho Segundo o Espiritismo* para Leopold, capítulo cinco, "Bem-Aventurados os Aflitos", itens 6 a 10, "Causas Anteriores das Aflições".

12

Libertação

ERA JUNHO DE 1944. ENFIM A SORTE DA GUERRA mudara definitivamente. No dia 6 de junho aconteceu o grande "Dia da Normandia", um desembarque vitorioso dos aliados que os levou à vitória final. A França viu seus territórios serem desocupados lentamente e estávamos muito mais otimistas. Mas o *Führer*, enfurecido pelas seguidas derrotas, deu mostras de sua crueldade mais uma vez. Por ordem dele, toda a população de uma pacata cidade do interior, Oradour-Sur-Glane, foi dizimada, em um dos mais tristes episódios de nossa História. Os soldados prenderam todos em uma igreja – crianças, mulheres e homens jovens e idosos –, enfim, todos foram queimados vivos. Ao todo, o massacre fez seiscentas e quarenta e duas vítimas.

Quanto mais os aliados avançavam, mais enfureciam Hitler. Para nosso desespero, soubemos que ele pretendia bombardear Paris sem piedade. O que nos salvou foi a rendição do general-comandante Choltitz, que capitulou juntamente com seu batalhão de soldados. Depois da rendição, finalmente a liberdade! Logo as pessoas se juntaram nas ruas e, o que era uma pequena multidão tornou-se um grande desfile nas ruas. Os homens de Charles de Gaulle eram aclamados pelo povo:

– Salve o libertador da França!

A libertação veio em boa hora. Mas houve uma espécie de "loucura coletiva". Ouvíamos contar que mulheres estavam sendo estupradas nas ruas, homens estavam sendo assassinados e muitos absurdos estavam acontecendo. Parecia que algumas pessoas haviam resolvido extravasar todo o ódio guardado durante os longos anos de ocupação alemã. Por coincidência, enquanto Paris era libertada, Leopold vivia seu epílogo encarnatório. Debilitado, ele era só pele e osso quando finalmente partiu sob o espocar incessante dos fogos de artifício. Foi muito corajoso, demonstrando que todo aquele sofrimento tinha depurado seu antes atormentado espírito. Minha família e meus amigos ficaram o tempo todo ao meu lado, solidários. Se não fossem eles, não sei se teria suportado a agonia vivida por Leopold. É verdade que não o amava, mas tinha sido muito difícil ver tanta vida e vontade de viver esvaindo-se lentamente.

Finalmente, a Alemanha foi invadida em dezembro de 1944. Os jornais estampavam:

"Perdem os alemães! Os aliados têm a vitória!"

A capitulação alemã é decidida sem piedade. O país teve de voltar a ser agrícola, pois todas as suas indústrias tinham sido destruídas. Ainda assim, Hitler resistiu, acuado nas geleiras das Ardenas. Em janeiro de 1945 os russos libertaram a Polônia. Tal fato provocou um êxodo de milhares de pessoas que estavam presas e que voltaram caminhando sob um frio de 20 graus abaixo de zero. Muitos morreram de frio e fome. Em fevereiro de 1945, a

Europa era o retrato da desolação. A guerra mudara o perfil do continente. Onde antes se via prosperidade e riqueza, agora só restava fome, ruínas e muita revolta.

Nesse mesmo ano, realizou-se a "Conferência de Ialta"[14] para decidir também o destino do Japão. Em março de 1945, Roosevelt morreu nos EUA e Harry Truman assumiu a presidência. A cidade de Berlim, mesmo em ruínas, continuou a ser bombardeada pela aviação inglesa. A derrota inimiga não bastou para acalmar os ânimos, que continuavam alterados pela sede de vingança.

Em abril, Adolf Hitler comemorou seu aniversário em um abrigo subterrâneo. Nesse lugar também foi realizado o casamento dele com Eva Braun, sua amante de muitos anos. No dia seguinte, ele ditou seu testamento à sua secretária e mandou matar sua cadela alsaciana. Ele se suicidou em seu *bunker* de Berlim, em 30 de abril de 1945 com um tiro na boca, enquanto sua fiel esposa tomava uma cápsula de cianureto.

Pelo fato de o Japão estar resistindo à capitulação, os Estados Unidos decidiram atacar Hiroshima e Nagasaki com a bomba atômica, a mais terrível arma de guerra que o homem já inventou. As duas cidades pareciam um inferno após a explosão, e seus inocentes cidadãos sofreram com o efeito radioativo provocado pela bomba. Depois de tamanha destruição, só restou ao Japão assinar, sem questionar, os termos da rendição. Foi o fim!

14. Conferência de Ialta: reunião da qual participaram Franklin Delano Roosevelt, Winston Churchill e Josef Stálin. Esses dirigentes fizeram acordo para "destruir o militarismo alemão e o nazismo" e dividir a Alemanha em zonas de ocupação, que seriam administradas por uma comissão de controle central, com sede em Berlim. Decidiu-se convidar a França a assumir a administração de uma zona de ocupação e a participar da comissão de controle. e anunciou-se também a convocação de uma conferência para a fundação da Organização das Nações Unidas. Stálin aceitou declarar guerra ao Japão em um prazo de três meses, a partir da rendição da Alemanha e em troca de certas concessões territoriais no Extremo Oriente (N.E.).

Logo os jornais começaram a anunciar os números da guerra: 2.194 dias, seis anos, 61 nações e aproximadamente 40 milhões de mortos. Os danos morais e espirituais da guerra eram incalculáveis, pois entre mortos e feridos, agressores e agredidos, restavam apenas perdedores. O instinto animal do homem, aguçado por discursos de soberania, tinha se mostrado presente como nunca nesse triste episódio da história da humanidade.

Felizmente, todos da minha amada família tinham sobrevivido às intempéries da guerra. Da Itália, tive também notícias dos Savoirrécs, que pretendiam voltar em breve para Paris. Fiquei feliz com a possibilidade de revê-los. O que realmente me entristecia era não saber notícias de Rudolf. Conversava muito com Gertrudes, minha fiel amiga. Ela não escondia seu desejo de me ver ao lado de seu filho postiço, que era como ela carinhosamente o chamava. Tinha de admitir que também sonhava com isso, mas guardava tal segredo a sete chaves.

Ficou decidido que iríamos passar o fim de ano em Marselha, pois papai não suportava mais a saudade dos filhos, dos netos e do bisneto. Deixamos a casa aos cuidados de Gertrudes e Bertrand e partimos rumo ao litoral. Pela janela do trem, pudemos ver, em muitos trechos, a paisagem arrasada. As marcas da guerra ainda estavam muito presentes em nossa vida. Mas, graças a Deus, tudo tinha acabado. Agora nos restava reconstruir, além das cidades, a dignidade e o amor ao próximo. Talvez tivesse sido exatamente a falta de amor o motivo de tanta destruição e tantas mortes, tanta injustiça e tanto horror. Só mesmo alguém muito insano poderia ter arquitetado e levado adiante tamanha carnificina.

13

Reencontro

LOGO QUE CHEGAMOS A MARSELHA, SOUBEMOS da grande novidade: Dominique estava grávida novamente, seria o quarto filho do casal. Papai ficou exultante com a chegada do novo neto, mas logo quis visitar o bisneto, que morava com o pai na vila dos espanhóis. Ele já contava cinco anos e era muito ágil e inteligente. Fomos encontrá-lo no pomar, trepado em uma árvore. Quando nos viu, correu ao nosso encontro e abraçou papai.

Não pudemos segurar as lágrimas ao ver uma cena tão tocante.

Em seguida, fomos à casa de dom Pablo e dona Leocádia, que estavam curiosos para saber como realmente tinha ficado sua amada Paris. Papai, exímio contador de histórias, tratou logo de relatar-lhes todos os acontecimentos. Enquanto isso, observava Daniel, percebendo de imediato sua precoce inteligência. Contou-me, com sua vozinha pueril, que seu pai era um amigo valioso. Passeavam muito, brincavam juntos e falavam de sua mãezinha, que ele conhecia bem.

– Eu vejo a minha mãe perto de mim, converso com ela.

– Ora, mas me conte do que falam – perguntei, entrando na fantasia dele.

– Ela me conta como é o lugar onde mora, diz que lá tem flores, riachos e até animais! Agora mesmo ela está bem aí, atrás da senhora, sorrindo para mim – respondeu ele, com uma carinha marota.

Abracei-o comovida e naquele instante, senti algo mágico. Minha mão direita começou a vibrar. Tive uma forte intuição e pedi que todos ficassem em silêncio. Peguei lápis e papel e sentei-me à mesa. Já havia lido sobre psicografia e logo percebi o que estava acontecendo comigo. Como dom Pablo era vidente, ele confirmou que era mesmo Suzanne quem segurava minha mão e queria deixar uma mensagem. Ele pediu que todos iniciassem mentalmente uma prece, para ajudar no recebimento da mensagem. Então, aconteceu algo maravilhoso: sem me esforçar, comecei a escrever com uma caligrafia que não era minha. Foi esta a mensagem esclarecedora:

"Queridos presentes:
Encontro-me muito bem, graças à bondade de Deus. Tenho estudado muito e trabalhado ainda mais. Aqui, onde vivo, tudo é maravilhoso. Lindas paisagens, espíritos puros e elevados. Desconhecemos sentimentos menores, como o orgulho, o ciúme, a inveja e o rancor. Nada nos é mais prazeroso do que assistir ao crescimento espiritual de nossos irmãos. Somos uma grande família, unidos pelos laços de amor a Deus.

Tenho-os visitado, com a permissão do Mestre, e acompanhado tudo. Queria mandar um abraço fraterno a Estévan, e dizer-lhe que deve dar chances a si mesmo de ser feliz novamente. Assim, Daniel também será mais feliz.
A meus pais gostaria de dizer que nada ficaram a dever-me neste plano. Ao contrário, deram-me com excesso o amor e a temperança. Além do que, tive tios maravilhosos e avós exemplares. Ao meu vovô Louis e à vovó Marie, peço que continuem orando, pois suas orações são como um bálsamo para mim.
Deixo lembranças aos tios Pierre e Dominique, aos meus priminhos, à dona Leocádia e a dom Pablo. Para tia Louise quero desejar que alcance a felicidade com que tanto sonha e de que é merecedora. Um beijo especial para meu amado Daniel e abraços carinhosos a todos.
Suzanne."

Depois daquele dia, percebi certa alegria nos olhos de Maurice e Claire. Até então, ainda guardavam algum inconformismo pela morte prematura de sua filha única. Já Estévan recebeu a mensagem com placidez. Sempre calado, apenas sorriu levemente ao ouvir o recado dirigido a ele. Segundo nos contou dona Leocádia, seu filho já estava de compromisso com uma jovem de nome Aline, que era muito doce e amorosa com Daniel. Quando a conheci achei-a encantadora, pois tinha traços delicados e voz suave. Mas logo soube que seu tipo *mignon* não revelava o tamanho de sua força. Tinha uma mãe doente, que sofria de um distúrbio psíquico grave e incurável. No entanto, graças aos cuidados constantes da filha, ela se mantinha controlada em sua loucura. Era pequena em estatura, mas grande em espiritualidade.

Quanto à minha viuvez, todos evitaram tocar no assunto, pois sabiam o quanto havíamos sofrido com a agonia e com a morte de Leopold.

Foram momentos de pura confraternização passados em companhia de nossa família – todos reunidos após um duro período de separação. Nessas horas, percebemos o quanto o verdadeiro e puro amor sobrevive às intempéries. Amávamo-nos e nada poderia abalar o cerne daquela afeição. Em família, passamos por vários testes. Por sermos ligados por meio de laços de sangue, muito se espera de nossas atitudes na convivência diária. É então que a paciência, a compreensão e a entrega unem-se em um único objetivo: aceitar as diferenças e buscar a paz de espírito, apesar dos pesares.

Antes de partir, reencontrei André. Ele me contou que estava casado e tinha dois filhos. Sua esposa, também médica, era uma mãe extremosa e dedicada companheira. Soube também que sua amada mãezinha, antes de falecer, pedira aos filhos que perdoassem o pai. Enquanto ele falava, relembrei que no auge da guerra havia contado tudo o que sabia a Bertrand. Ele então tinha me pedido, encarecidamente, que também contasse a seu filho toda a verdade. Achei que aquele era o momento ideal para revelar-lhe o paradeiro de seu pai, pois este era um segredo que não desejava levar para o Além. Ao ouvir toda a história, ele demonstrou satisfação em saber que seu pai estava bem e tinha uma ótima companheira. Era mesmo um espírito elevado meu bom amigo André, pois também manifestou o desejo de reencontrar o pai logo que fosse a Paris. O tempo e o amadurecimento são mesmo um ótimo remédio para cicatrizar as feridas da alma.

Papai, após ver de perto que tudo estava bem com seus amados familiares, resolveu que já era hora de retornarmos à nossa casa, pois estava ansioso para ajudar na reconstrução da cidade.

Fizemos a viagem quase toda em silêncio, cada qual mergulhado em suas lembranças e expectativas. Quanto a mim, parti com o coração alegre e palpitante, pois tinha uma forte intuição de que reencontraria Rudolf. Desembarcamos sob uma chuva úmida e fria. Papai e mamãe quiseram voltar logo para casa, pois estavam com saudade do seu lar. Como não adiantava insistir, aceitei separar-me deles. Afinal, com o término da guerra e a morte de Leopold, não havia mesmo mais motivo para morarem comigo.

– Estaremos sempre por lá, filha amada! Mas quero ir para casa porque tenho saudade de meu cantinho – revelou mamãe enquanto me abraçava.

– E você precisa ter liberdade para viver uma nova vida – justificou papai, parecendo saber o que se passava em meu íntimo.

O motorista do táxi colocou minhas malas no *hall* de entrada de minha casa.

Tudo parecia idêntico à primeira vez em que tinha entrado ali, a não ser pelas lembranças que agora davam uma nova atmosfera à antiga casa. Mesmo que quisesse, jamais esqueceria os tempos difíceis: a guerra, a doença de Leopold, as provações e as intermináveis horas à espera de um milagre. Sentei-me, pois estava trêmula e temerosa ao retornar àquela casa. Logo surgiram Gertrudes e Bertrand para me recepcionar. Abracei-os saudosa e conversei um pouco antes de subir ao quarto. À porta, antes de sair, Tude disse:

– Ele também voltou e está descansando.

Precisei sentar-me, pois minhas pernas pareciam querer ceder à força daquela emoção. Comecei a rever toda a minha história, as alegrias e as tristezas e, sem perceber, adormeci. Acordei com um chamado de Tude, dizendo-me que Rudolf queria falar-me e esperava-me na biblioteca. Desci como um robô, pois as emoções embotavam-me os pensamentos.

Parecia um *déjà-vu*[15], pois lá estava ele, como da primeira vez, sentado atrás da grande mesa de mogno. Tudo se repetiu dentro de mim, como se os anos não tivessem modificado em nada os meus sentimentos. O amor à primeira vista permanecera intocado pelo tempo.

– Como vai, Louise? – Perguntou ele, levantando-se.

– Muito bem, obrigada!

– Fico feliz em saber. Desculpe se a incomodei, mas precisamos conversar. Sente-se, por gentileza – continuou ele, com sua voz grave.

A partir daquele momento, mal ouvi o que ele dizia. Apenas fitava embevecida aqueles olhos que guardavam tantos mistérios. Racional, ele desfiou um discurso sobre herança, bens e imóveis. Explicou que pelo testamento de Leopold, metade da casa herdada por ele de sua irmã agora cabia a mim. Afirmou que ficaria morando ali até que terminasse de resolver suas pendências econômicas e que, logo que fosse possível, voltaria à Inglaterra. Aquela última frase despertou-me. Só então percebi que ele não sentia o mesmo por mim! Ouvi o que ele ainda tinha a dizer pacientemente, rezando para que não tivesse notado minha decepção. Quando finalmente terminou, pude voltar ao quarto e derramar livremente minhas lágrimas de decepção.

Ah, tinha sonhado tanto com aquele reencontro! Mas Rudolf nem ao menos me tocara as mãos, tinha sido frio e calculista. Não me amava, era certo. Na verdade, ignorava por completo meus sentimentos e seria mesmo melhor que ele voltasse para a Inglaterra. Pensando melhor, eu iria lhe fazer uma proposta: venderíamos

15. *Déjà-vu*: expressão francesa; forma de ilusão da memória que leva o indivíduo a crer já ter visto (e, por extensão, já ter vivido) alguma coisa ou situação de fato desconhecida ou nova para si; paramnésia (N.E.).

a casa e tudo ficaria resolvido do ponto de vista financeiro. Quanto ao afetivo, tentaria esquecê-lo definitivamente!

No jantar daquela noite, falei-lhe sobre meus planos e ele pareceu concordar. Quanto à Gertrudes e Bertrand, poderiam tentar outro emprego, ou segui-lo para a Inglaterra. Enfim, quanto mais cuidava desses detalhes técnicos, mais me convencia de que jamais teria chances de conquistar o endurecido coração de meu amado Rudolf.

Certa manhã, Gertrudes disse:

– Ele já sofreu muito, perdeu um irmão querido, foi infeliz com France e viu de perto os horrores da guerra. Não tem mais ilusões na alma, a não ser que você o desperte para a vida. Não desista tão facilmente, pois agora vocês dois são livres e podem tentar ser felizes juntos. Meu coração não se engana: ele também sente algo por você, mas teme ser precipitado e rejeitado.

Resolvi ouvir o conselho de minha experiente amiga, que não teve dúvidas em assumir um amor tardio, porém verdadeiro. Naquela noite, resolvi enfeitar a casa com flores do campo, coloquei um vestido mais elegante e um disco no toca-discos. Quando ele desceu para o jantar, comentou:

– As flores e a música fazem-me lembrar os bons tempos. Quanto a você, devo dizer que está linda! – Exclamou ele, sorrindo pela primeira vez.

Tentei disfarçar ao máximo, mas fiquei radiante com o elogio. Afinal, ele não era tão distante quanto parecia. Depois daquela noite nossos jantares começaram a se tornar cada vez mais prazerosos e, quando dei por mim, estávamos dançando de rosto colado. Quando ele estava mais circunspecto, conversávamos sobre nossa vida, nossas alegrias e nossas frustrações. Com o passar dos dias, tornamo-nos amigos e confidentes, mas ele ainda não manifestara nenhum interesse amoroso por mim. Resolvi ser prudente, pois não queria parecer ousada. Meu amor era tanto que me contentava apenas com aqueles momentos. Até que, certa noite, nosso brinde demorou um pouco mais, pois parecíamos magnetizados. Pude finalmente ver um novo brilho em seu olhar, algo caloroso e diferente. Ao passarmos para a sala de estar, ele me segurou levemente o braço e puxou-me. Ficamos face a face, e eu não o evitei.

– Louise, tenho algo a lhe dizer, mas, se parecer atrevimento, interrompa-me, por favor! Bem sabe que não consegui fazer France feliz, apesar de ter tentado com todas as minhas forças. Quanto a você e Leopold, não sei se foram felizes...

– Tentamos, mas as diferenças de personalidade, a guerra e a doença de Leopold foram um duro fardo para nós.

– E não pensa mais nele? Quero dizer, não o ama mais?

Então era isso! Ele pensava que eu ainda sentia algo por Leopold!

– Na verdade, já não o amava quando ainda era vivo. Logo depois que nos casamos, ele começou a beber e a jogar, saía todas as noites e tinha outras mulheres. Mudei de quarto e mesmo depois de sua regeneração nunca mais estive intimamente com ele. Confesso que sua mudança despertou em mim um enorme carinho, nada mais! Algo como o que sinto por meus irmãos. Passado tanto tempo, posso mesmo dizer que nunca cheguei a amá-lo de verdade.

– E já sentiu amor de verdade por outro homem?

– Sim, já! – Respondi, num ato de coragem.

– Mesmo já tendo amado verdadeiramente, acha que eu teria alguma chance de conquistá-la?

Suspendi a respiração por instantes. Tinha sonhado tanto com aquele momento que agora não sabia ao certo o que dizer. Como resposta, abracei-o longamente. Em seguida, ele me beijou tão apaixonadamente que me surpreendeu, pois não esperava uma reação tão ardente. Naquela noite permitimo-nos ficar até mais tarde na sala, trocando segredos e fazendo planos para o futuro.

– Quero casar-me o mais breve possível. Creio que France não se importará de eu ter quebrado a promessa que fiz a ela. Amanhã mesmo iremos ao cartório para dar entrada nos papéis. O que acha? – Quis saber ele.

– Maravilhoso! Preciso apenas de um tempo para...

– Já perdemos tempo demais, meu amor! Precisamos recuperá-lo o quanto antes. Vamos-nos casar daqui a um mês!

Tive tempo apenas de avisar meus pais e meus familiares de Marselha. Estes últimos não puderam vir, assim como os pais de Rudolf. Casamo-nos tendo como testemunhas Gertrudes e Bertrand e como convidados especiais, meus amados pais. Em seguida, fomos para casa e lá saboreamos um delicioso bolo de noiva. Tudo muito simples e discreto, pois ainda vivíamos as conseqüências do pós-guerra. Partimos no mesmo dia para a casa de campo de Rudolf e tivemos uma lua-de-mel inesquecível! Passeávamos a cavalo, colhíamos os frutos do pomar, as flores do campo, enfim, parecíamos estar vivendo em outro mundo. À noite, a sós em nosso quarto, vivíamos nosso amor com a paixão dos recém-casados. De manhã, ao acordar ao seu lado, ficava a admirá-lo enquanto ele ainda dormia, e custava-me crer que tudo aquilo era verdade, que estava realmente casada com o homem que amava e era correspondida. O que mais poderia desejar? Deus tinha sido por demais generoso comigo.

Eu já conhecia Thierry e Jeanne, os caseiros. Mesmo sendo dez anos mais velho que sua esposa, ele era um homem bem-disposto e trabalhador. Ela era miúda, mas dava conta do serviço da chácara e ainda cuidava dos três filhos. Era uma mulher simples, mas muito sábia, que adorava conversar e contar histórias. Rudolf tratava-os com respeito e camaradagem. Nossa estada não poderia ser melhor, ainda mais quando meus pais vieram visitar-nos. Fiquei radiante, pois estava saudosa. Quando mamãe e eu ficamos a sós, ela comentou:

– Fico tão feliz em vê-la sorrindo novamente! Sabe, minha filha, seu primeiro casamento certamente não lhe trouxe tantas alegrias, mas você soube superar aquela fase difícil e finalmente agora vive um grande amor. Você merece, mais do que ninguém!

Rudolf tinha o desejo de viver definitivamente no campo e eu concordei de bom grado. Combinamos que Bertrand e Gertrudes continuariam vivendo na casa de Paris, pois não pretendíamos vendê-la por hora. Assim, foram-se passando os meses naquele pedaço do paraíso, onde só conhecíamos a paz e a harmonia. Mas não nos isolamos do mundo, pois íamos à cidade sempre que necessário. Foi em uma dessas idas que tive a grande satisfação de reencontrar doutor Marcel e madame Sophia em um restaurante. Apresentei-os a Rudolf e sentamo-nos todos juntos para matar a saudade...

14

Despedida

CONVERSAMOS MUITO NAQUELA NOITE. SOUBE que Isabelle havia tido um segundo filho, mas que infelizmente o primogênito morrera em conseqüência de uma doença congênita.

– Com o sofrimento, Leandro amadureceu muito, nem de longe lembra mais aquele *playboy* irresponsável – revelou doutor Marcel.

– Certamente você soube o triste fim de Jofre, não é? Quando retornamos à França, estivemos em Nice visitando Esther e ela nos contou que vocês duas se reencontraram. Ainda hoje ela não se conforma com o fato de seu companheiro de tantos anos ter sido friamente assassinado. Pobre Esther, antes era tão alegre e agora se tornou taciturna – comentou madame.

Antes de nos despedirmos, Rudolf convidou o simpático casal para uma temporada no campo. Eles aceitaram com prazer e ficou combinado que iriam dali a uma semana passar um tempo em nossa companhia.

Tinha chegado o outono, o campo não estava tão verde, mas nem por isso estava menos magnífico. Nossa propriedade estava repleta de convidados: o casal Savoirréc, meus pais, meus irmãos, minhas cunhadas e meus sobrinhos. Uma grande festa! Todos tiveram a oportunidade de conhecer Rudolf, que adorou minha família. Era tão bom viver em paz, sem conflitos e com união. Afortunadamente, depois da guerra, tivemos a felicidade de estar todos juntos, vivos e com saúde. Certa manhã acordei com enjôo e como não passava, Jeanne logo disse:

– Nem precisa procurar médico, dona Louise, isto é barriga! Até achei que estava demorando... – palpitou ela.

Em sua simplicidade, Jeanne me alertou. Na verdade, eu estava mesmo com as regras atrasadas, mas como tínhamos muitos hóspedes, não tivera muito tempo para ficar pensando nisso. Logo que pude, no entanto, fui encontrar o doutor Marcel e fiz uma consulta caseira.

– Parece tão certo como o nascer do Sol, minha cara! Pode dar a notícia a seu marido! – Afirmou ele.

Logo que Rudolf voltou do galope contei-lhe a novidade! Ele ficou extasiado e sua reação foi sair contando a todos que eu estava grávida. Foi uma confusão, pois todos queriam felicitar-nos ao mesmo tempo. Papai e mamãe choraram de alegria, meus sobrinhos queriam passar a mão em minha barriga e meus irmãos já discutiam quem seria o padrinho. De minha parte, agradecia mentalmente a Deus por mais essa bênção.

Passaram-se alguns meses. Rudolf e Thierry trabalhavam incansavelmente na terra, preparando-a para o plantio. Sempre atencioso, meu marido cobria-me de cuidados, e nosso amor a cada dia aumentava mais. Minha barriga já estava ficando visível e eu sonhava todas as noites com o nosso desejado bebê. A vida no campo era valiosa: deitávamos cedo e acordávamos com o nascer do Sol. Quando chovia, a terra molhada desprendia sua deliciosa fragrância. A vastidão do horizonte e a beleza do campo nos davam uma sensação de plenitude. Ali não conhecíamos a discórdia, apenas o amor e a paz de espírito.

Estávamos em março de 1947 e eu já contava três meses de gravidez. Já não sentia enjôo, pelo contrário, estava muito bem-disposta. Desde o início da semana, meus pais, Tude e Bertrand estavam conosco desfrutando a paz do campo. Logo de manhã os homens tinham saído para cavalgar, como de costume. Desde o início de minha gravidez, eu não montara mais meu belo cavalo. Sentia saudade de meus galopes, mas sabia que ainda teria de esperar bastante para voltar a fazê-los. A mesa com o café da manhã estava farta, e mamãe, Tude e eu sentamo-nos para saborear as iguarias de Jeanne, que estava inspirada naquela manhã:

– A senhora pode não acreditar, mas nunca errei o sexo de meus filhos. Thierry chegou a apostar comigo, mas eu acertei as três vezes. E também já acertei de muitos outros. A senhora vai ter um menino! – Exclamou ela, com sua habitual vivacidade.

Confesso que não me importava tanto com isso, queria apenas que fosse uma criança saudável e perfeita. Se dependesse do amor com que tinha sido gerado, seria um anjo. Desejava também que nascesse com os traços de Rudolf, pois seria um lindo bebê. A espera de uma criança leva-nos a recordar o passado, provocando uma espécie de regressão por etapas. Eu sonhava muito com minha infância e cheguei mesmo a recordar meu nascimento. Interessante, pois achava que jamais iria lembrar-me daquelas fases. Queria dar ao meu bebê todo o carinho e a atenção possíveis, como tinha recebido de meus pais na infância. Eles souberam amar-me com sabedoria, ensinando-me a respeitar os limites dos outros. Era uma bela lição de vida, e eu pretendia agir da mesma forma com nosso filho.

Saímos para um passeio a pé, como fazíamos todas as manhãs. Logo avistei uma silhueta vindo a galope e reconheci de imediato meu amado. Adorava vê-lo cavalgar, pois ficava ainda mais lindo em trajes de montaria. Enquanto ele se aproximava, senti o bebê mexer violentamente em meu ventre, causando uma dor lancinante. Curvei-me, agarrando-me à mamãe para não cair.

– O que foi minha filha? O que está sentindo?

Não tive tempo de responder. Lembro-me de ter visto o cavalo de Rudolf refugar violentamente, empinando até ele perder o equilíbrio. Gritei ao vê-lo cair de costas e naquele instante senti outra dor tão forte que me obrigou a me ajoelhar. Gertrudes correu até o local do acidente, enquanto mamãe tentava reerguer-me. Senti um líquido quente escorrendo por entre as pernas. Apalpei a roupa: era sangue. Inexplicavelmente, fui dominada por uma força desconhecida, visceral, maior que a própria dor. Consegui levantar-me e caminhei, apoiada por mamãe, até onde estava Rudolf. Sabia que naquele instante estava sendo movida pela força do amor. Quando finalmente cheguei até ele, seu coração ainda palpitava.

– Rudolf, pelo amor de Deus, abra os olhos! – Gritei desesperada.

Então ele abriu os olhos, aqueles olhos negros e misteriosos que haviam me encantado desde o primeiro encontro. Ainda tinham vida, queriam dizer-me algo:

– Louise, minha amada...

Foram suas últimas palavras. Logo depois sua cabeça pendeu sem vida.

– Rudolf, pelo amor de Deus, abra os olhos! – Gritei em desespero.

Mas ele não podia mais me ouvir.

Acordei em um lugar claro e frio. Olhei ao redor e vi uma enfermeira ao meu lado. Tentei falar, mas não consegui. De repente, recordei tudo: o acidente, a hemorragia, Rudolf ferido. Fechei os olhos novamente. As lágrimas deram o sinal à enfermeira de que eu estava consciente e ela se aproximou de mim, tomando-me o pulso. Perguntou-me algo, mas permaneci em silêncio. Não queria falar, não queria viver. Sentia um vazio enorme, só pensava em morrer. Então, ouvi a voz melodiosa do doutor Marcel:

– Louise, por favor, fale comigo.

Com dificuldade, obedeci. No fundo, sabia de tudo, mas precisava ouvir a confirmação.

– Perdi os dois?

– Minha cara, precisa ser forte. A verdade muitas vezes é cruel. Bem, Rudolf fraturou a espinha na queda. Com o choque, você perdeu a criança. Mas está viva e precisa reagir, lutar, por seus pais, por seus amigos e principalmente, por você mesma.

Em seguida, fui sacudida por soluços de dor. Não era uma dor física, mas uma profunda dor na alma, daquelas que parecem lançar-nos a um abismo negro de tristeza. Naquele momento, papai e mamãe entraram no quarto.

– Louise, minha filha, já suportei tantas perdas... Você precisa ser corajosa! Por favor, não se entregue, pois seus velhos pais precisam muito de você, querida – pediu papai.

Aquela súplica foi como um toque de vida, pois daquele dia em diante fui voltando lentamente à dura realidade. Sentia que os amigos espirituais estavam me amparando também, pois adquiri forças para retornar à vida normal. É verdade que sem a alegria de antes, mas com aceitação. Não consegui mais viver na mansão. Deixei-a aos cuidados de Tude e Bertrand, e voltei a morar na casa de meus pais. Quanto à chácara, resolvi vendê-la. Adotei luto fechado, doei as roupas e os sapatos finos e distribuí as jóias entre meus sobrinhos. Usava apenas as duas alianças de ouro na mão esquerda. Envelheci dez anos, já não usava mais maquiagem. Parecia que só assim eu conseguiria expurgar todo o sofrimento pelo qual tinha passado.

Minha família veio passar o ano conosco. Era bom estar entre os entes queridos, mas eu não conseguia sorrir como antes. As crianças, inocentes, queriam saber onde estavam meu bebê e meu marido. Não tinham maldade, não imaginavam a dor provocada por suas ingênuas indagações. Mas foi melhor assim, pois cada vez que tocavam no assunto, parecia que minha ferida cicatrizava-se um pouco mais.

Pedi à Tude que viajasse para a Inglaterra para dar a triste notícia aos pais de Rudolf. Passado um tempo ela retornou dizendo que eles ficaram consternados. Enviaram-me uma carta convidando-me a visitá-los, pois queriam muito conhecer-me. Enviei-lhes outra em resposta, explicando que não me sentia em condições físicas e emocionais para viajar.

A vida tinha ainda surpresas para Tude e Bertrand. Por intermédio de meus irmãos, André foi convidado a vir até Paris para falar com seu pai. O reencontro foi emocionante. Por meio de André, os outros filhos foram aceitando de volta seu novo pai, pois perceberam que o antigo devasso era agora um homem honesto e trabalhador.

Gertrudes era mesmo uma mulher maravilhosa, pois adotou a todos como seus verdadeiros filhos e netos.

Aos poucos, uma idéia foi tomando conta de mim, algo que me daria a oportunidade de rever todos aqueles que, um dia, porventura tinham cruzado minha vida. Comecei então a escrever um livro, registrando toda a história vivida por nós, personagens da vida real. Evidentemente, usava nomes fictícios para manter o anonimato. Todos os dias, sentava-me à máquina de escrever e recordava os fatos do passado, sem temer os fantasmas que reviviam naquelas páginas. Ao contrário, sentia alívio cada vez que terminava um capítulo. Era algo que me dava prazer, uma maneira de eternizar nossa passagem por esta vida.

Enquanto escrevia, fui percebendo que nada acontece em vão. Mais do que nunca, acreditava que todos temos uma missão a cumprir. Este mundo é mesmo de provações. Se aqui estamos, é com justa razão. A felicidade aqui é efêmera, passageira. Precisamos ser lembrados de nossos compromissos, se não os cumprirmos por amor, terá de ser pela dor.

Nasceu a pequena Aimée, a quinta filha de Pierre e Dominique, e todos diziam que ela se parecia muito comigo. Viajamos a Marselha para conhecê-la e ficamos surpreendidos com as mudanças. Hector e Brigitte estavam moços e já tinham namorados. Meu afilhado, Dionísio, tornara-se um jovenzinho robusto e falante. Estava sempre em companhia de seu primo Daniel, eram inseparáveis. E ainda tinha o pequeno Alain, o número quatro, um promissor garotinho que não parava quieto um minuto. Por sorte, eles contavam sempre com a inestimável ajuda de Maurice e Claire, que transferiram seu amor paternal para os queridos sobrinhos.

Visitei dom Pablo e dona Leocádia. Estavam mais velhos, mas ainda gozavam de ótima saúde. Quanto à segunda esposa de Estévan, Aline, pude ver de perto como Daniel a amava. Percebi que ninguém é mesmo insubstituível nesta vida. Quando estávamo-nos despedindo, dom Pablo puxou-me para o lado:

– Sabe que ainda precisa cumprir uma missão.

– Não tenho mais forças, estou muito cansada...

– Bobagem! Medite e saberá o que a espera.

Foi só o que fiz na viagem de retorno. Orei muito e pedi a Deus que me ajudasse a descobrir o que deveria fazer. Passados alguns dias, finalmente tive uma luz sobre a nobre missão que ainda me cabia realizar em prol dos desvalidos. Tornaria-me uma "trabalhadora da última hora".

15

Caminho de luz

DEZ ANOS SE PASSARAM. ESTÁVAMOS EM 1957. Nesse intervalo de tempo, muito havia acontecido. Com a morte de papai, que não tinha resistido a um enfarte, mamãe e eu transformamos nossa casa em um albergue para necessitados. Nossa vida era totalmente dedicada à caridade, pois desenvolvíamos atividades de socorro e atendimento a pessoas doentes que não tinham um lar. Trabalhávamos intensamente, dormíamos pouco, muitas vezes éramos requisitadas de madrugada, em noites frias de inverno. Atendíamos a todos com carinho e com respeito. Contávamos com a inestimável ajuda do espírito iluminado de tia Ignês, a irmã de mamãe que fora freira, além de France e Suzanne, que sempre nos auxiliavam com valiosa energia.

A vida de doação era maravilhosa. Não existe nada comparado ao prazer do bem praticado ao próximo. Para nos ajudar nos casos mais graves, contávamos com a generosa colaboração de voluntários médicos e enfermeiros.

Meu querido doutor Marcel também havia falecido, deixando madame Sophia inconsolável. Antes de voltar à Itália, porém, ela realizou um desejo dos dois: doou uma grande soma em dinheiro para nossa causa. Essa doação veio em boa hora, pois compramos uma casa maior e ampliamos o número de leitos. Além disso, a nova casa tinha um lindo jardim que florescia esplendidamente na primavera. Certamente, a caridade de meus adorados ex-patrões seria recompensada por Deus.

Tínhamos notícias constantes de Marselha. Por lá tudo era só alegria. As crianças tornaram-se jovens, os mais velhos tinham-se casado. Brigitte tinha uma filhinha, a primeira neta de Pierre e Dominique. Hector terminava especialização em medicina e tinha uma esposa, mas ainda não tinham filhos. Dionísio e Daniel faziam planos para o futuro:

– Quero ser cientista, titia, descobrir remédios para curar as doenças graves – afirmava Dionísio.

– Pois serei juiz! Quero conhecer as leis e fazê-las cumprir – exclamava Daniel.

Os mais novos, Alain e Aimée, eram encantadores. A pequena parecia-se mesmo comigo quando jovem, os mesmos olhos e cabelos levemente dourados. Soubemos que Estévan e Aline tinham um filhinho de nome Didier e que finalmente Daniel tinha o irmãozinho que tanto desejava.

Quando terminei o livro, dediquei-o a papai, a Rudolf e ao nosso filho, tão puro que não chegou a conhecer este mundo. Nossa casa assistencial foi batizada com o nome de mamãe, que era realmente merecedora, pois dedicara a maior parte de sua vida à caridade. Ela se tornara uma linda velhinha de cabelos brancos e todos a chamavam de vovó Marie.

Nossa casa assistencial não era paternalista. Atendíamos às pessoas sem condições de sobreviver durante certo tempo, até que pudessem buscar seu próprio sustento. Nossa meta era encaminhá-los para serviços diversos. Somente os que tinham a saúde muito debilitada ficavam conosco por mais tempo. Conhecemos muitas histórias, aprendemos muito com eles, ouvindo seus relatos de vidas miseráveis e de poucas alegrias. Com nossos abrigados, aprendemos que todos sofrem, uns mais do que os outros, para a elevação do espírito. Somos seres imperfeitos e inacabados, precisamos evoluir a duras penas. Por meio da lapidação, temos chances de nos transformarmos. Mas não nos esqueçamos de que a grafite provém da mesma matéria-prima do diamante e poucos são os que conseguem a pureza da pedra preciosa. No entanto, muitos continuam impuros, apegados às próprias fraquezas. Precisamos saber que todos nós temos as mesmas chances quando recebemos nossa vida. Se não nos lapidarmos pelo amor, será pela dor.

Convivendo com aqueles infelizes dia a dia, aprendi que o milagre maior é a aceitação de nossas imperfeições como seres humanos vulneráveis e passíveis de cometer erros. O maior pecado é a onipotência, a não-aceitação das fraquezas de outrem. Afinal, quem somos nós para julgar e condenar o próximo que convive conosco no mesmo plano de provações? Só mesmo Deus pode julgar com sabedoria e verdade. Em nossa casa assistencial, víamos que os que aceitavam seus desígnios com mais humildade alcançavam a cura mais rapidamente, e os revoltados e os incrédulos eram perseguidos insistentemente pela dor. Quando acreditava que tudo estava bem, eu mesma fui surpreendida pela vida.

Certo dia, passeava pelo jardim de casa em um minuto de descanso. Era meu lugar predileto, pois ali me lembrava de Rudolf. Estava tranqüila, quando tive um longo e doloroso espasmo.

Respirei fundo e esperei que passasse. Quando já estava na escada a dor repetiu-se, obrigando-me a me apoiar na parede. Da janela, mamãe assistiu à cena e veio correndo em meu socorro. Ajudou-me a caminhar até o quarto e na mesma hora chamou um médico. Ele me receitou um analgésico e aconselhou-me a procurar um especialista.

Assim o fiz. Precisei realizar uma série de exames, alguns muito dolorosos. Prevenida pela intuição, fui buscar o diagnóstico. Não me assustei ao ouvir do médico que existia a possibilidade de estar com câncer de útero e que precisava fazer uma biópsia. Voltamos para casa em silêncio. Nada dissemos uma à outra, apenas retomamos nossas tarefas habituais. À noite, ao deitar, mamãe disse que gastaríamos o que tivéssemos em busca da cura. Admirava sua força inabalável. Abracei-a, prevendo o nosso triste futuro.

Comecei a ter hemorragias, que me deixavam enfraquecida. A hipótese de cirurgia foi descartada pelos médicos, pois o tumor havia tomado outros órgãos. Assim mesmo iniciei um tratamento. Sentia náuseas, dores estomacais e tinha vômitos. Após três meses, estava completamente debilitada e preferi isolar-me um pouco para não chocar as pessoas.

Em seis meses de tratamento obtive uma melhora significativa. Conseguia alimentar-me melhor, meus cabelos renasceram e pude voltar ao trabalho. Reabilitada, tinha desdobramentos em que visitava doentes que sofriam do mesmo mal ou de males até piores, levando até eles esperanças e a orientação para suportarem a doença. O que não podia, jamais, era desistir de lutar.

Eu estava tão bem que me imaginava curada; porém voltei a sentir os mesmos sintomas. Tive de retomar os tratamentos agressivos e precisei ser novamente internada. Graças a Deus, minha querida mãe estava sempre por perto, apoiando-me nas horas de maior desespero. Ela sempre me dizia:

– Minha filha, precisa lutar para viver. Não se entregue à doença, não é este o exemplo que deve dar aos nossos desamparados. Eles perguntam por você todos os dias, ficam contando as horas para revê-la. Não desanime, precisa ainda voltar e falar com todos eles.

Aquela frase deu-me novo ânimo. Como a nossa casa tinha equipe de enfermagem, o médico concordou com que eu voltasse e continuasse o tratamento em casa. Fui recebida com festa e por alguns dias esqueci que estava gravemente doente. Cheguei a acreditar que ainda viveria por um bom tempo.

Era primavera. O nosso jardim estava repleto de flores, pois era muito bem cuidado por todos que por ali passavam. Qualquer dos abrigados que soubesse lidar com plantas era convidado a dar uma ajuda para manter sempre impecável nosso recanto de paz e meditação. Enquanto caminhava, eu colhia as flores e as colocava em uma cesta que trazia nos braços. Gostava de manter a casa florida nesta época do ano. As flores não serviam apenas como decoração, mas também alegravam os nossos doentes e abrigados.

De repente, senti tontura e sentei-me em um banco de madeira. Fiquei ali, parada, admirando o lindo dia. Comecei a ter a sensação de estar flutuando, pois meu corpo parecia muito leve. Olhei à frente e vi algo maravilhoso: Ângeli, meu querido amigo espiritual envolto em uma luz azulada. Fazia tempo que não o via, achei até que havia me abandonado.

– Jamais a abandonei, estive sempre ao seu lado, minha amiga. Venha comigo...

Sem pensar, levantei-me e dei alguns passos em sua direção, parecendo ter esquecido o quanto estava debilitada. Quando dei por mim e olhei para trás, levei um choque! Meu corpo jazia inerte, caído no chão e com as flores espalhadas sobre ele. Então entendi que chegara a hora de meu desencarne. Primeiro, senti uma alegria imensa, pois a doença tinha se tornado um fardo para mim. Depois, fiquei triste ao me lembrar de mamãe, de meus irmãos e de meus sobrinhos...

– Não se preocupe, eles ficarão bem! Venha, precisamos ir – afirmou Ângeli, estendendo-me a mão.

De mãos dadas seguimos por um caminho iluminado. Olhei ainda uma última vez para trás e pude ver algumas pessoas correndo até meu corpo. Mamãe, no entanto, mesmo chorando estendeu as mãos para o alto e disse:

– Graças a Deus minha filha não sofre mais. Que o Senhor a tenha em bom lugar!

Continuei então a atravessar o caminho entre a vida e a morte, que nada tinha de tenebroso. Ao contrário, quanto mais caminhávamos, mais linda ficava a paisagem adornada por grandes flores, bem maiores do que as do plano terrestre. Ainda de mãos dadas com Ângeli continuei a caminhar em direção à minha nova existência. Deixava para trás apenas o corpo físico, pois levava comigo as lembranças de todos aqueles com quem havia partilhado minha história. Parti confiante rumo a um novo plano, onde certamente teria ainda mais chances de ser feliz.

Fim

Ao terminar a leitura deste livro, provavelmente você tenha ficado com algumas dúvidas e perguntas a fazer, o que é um bom sinal. Sinal de que está em busca de explicações para a vida. Todas as respostas que você precisa estão nas Obras Básicas de Allan Kardec.

Se você gostou deste livro, o que acha de fazer com que outras pessoas venham a conhecê-lo também? Poderia comentá-lo com aquelas do seu relacionamento, dar de presente a alguém que talvez esteja precisando ou até mesmo emprestar àquele que não tem condições de comprá-lo. O importante é a divulgação da boa leitura, principalmente a literatura espírita. Entre nessa corrente!

Conheça um trecho do magnífico livro *Um Romance Inesquecível*

Ditado pelo Espírito
Michael
Psicografia de
Valéria Sicare Nascimento

Em Paris, no apagar das luzes do século dezenove, uma jovem bailarina sai de casa às escondidas. Uma noite, atraída pelo fantástico mundo do circo, conhece Nicolau, um jovem trapezista russo – por quem se apaixona perdidamente. Tempos depois, uma linda menina nasce no circo de Moscou, na Rússia dos czares. É Sacha, que mais tarde vai seguir a saga da mãe e também viver o seu romance inesquecível...

Dora ficou transtornada. Sentia que tinha sido responsável por sua infelicidade no passado e pretendia salvá-lo nesta vida, a qualquer custo. Ficou a seu lado rezando, enquanto revia mentalmente cenas de sua vida ao lado de Phillipe. Concluiu que jamais foram felizes, pois desde o começo ele demonstrara sua fraqueza com a bebida. Submissa, Dora aceitara seu destino calada. Mas Aimée, pobrezinha, já sofrera demais. Tinha o direito de ser feliz, pois era uma menina boa e pura.

Ao cair, Phillipe ficou completamente inconsciente. Seu espírito ficou confuso e se desprendeu do corpo. Viajou por um longo túnel e foi parar em um lugar claro, muito florido. Como não conhecia as pessoas que ali estavam e sentia uma forte dor de cabeça, foi logo exigindo:

– Será que alguém pode me dizer onde estou?

Um senhor de aparência tranqüila aproximou-se dele:

– Está em outra dimensão. Você foi trazido aqui para ter uma chance.

– Chance? Preciso é voltar para casa, pois tenho mulher e filha, e preciso trabalhar.

– Sua filha já não depende de você, pois escolheu seu próprio destino. Mas sua esposa o espera.

– Ora, mas quem é você? Como se atreve a dizer que minha filha não precisa mais de mim? Por que sinto tanta dor de cabeça? Isto é um pesadelo ou eu morri de verdade?

– Não, a morte não existe. E você está apenas desacordado, no plano terrestre, enquanto aprende algumas coisas neste plano.

Phillipe olhou em volta. Tudo ali era tão lindo: as árvores, as flores, as pessoas, o céu. Certamente ali não era o inferno pois nunca sentira tanta paz.

– Acho que estou começando a entender. Não morri, mas não estou na Terra. E quando vou poder voltar para lá? Preciso reencontrar Dora, minha esposa.

– Ama mesmo sua esposa?

Phillipe abaixou a cabeça latejante. Pensou um pouco, antes de responder:

– Sim, amo muito. Mas não somos felizes.

– Porque estão vivendo juntos para resgatar dívidas de outra vida. Mas eu fui encarregado de lhe dar uma boa notícia: com a partida de Aimée, vão ter a chance de iniciar uma nova fase.

– O que me diz? Mas eu sou um alcoólatra, um ignorante que não sabe demonstrar afeto.

– Ouça-me. Você e Dora estão casados há anos, e ela já sofreu o bastante. Sabemos que é um bom homem e vai poder demonstrar sua boa índole de agora em diante.

Phillipe estava tonto, mas conseguia entender tudo. Aquele senhor lhe oferecia uma nova chance de viver, mas ele teria de mudar para reencontrar suas queridas Dora e Aimée.

– Aimée, ainda não. Vai demorar um tempo antes que possa revê-la. A condição será esta: vai precisar parar de beber e doutrinar-se até se tornar calmo e tolerante. Quer tentar, ou prefere continuar a viver seu inferno particular?

Phillipe, apesar de bruto, era um homem inteligente e percebeu que estava tendo a melhor oportunidade de sua vida. Queria muito voltar e fazer Dora feliz.

– Sim, quero, do fundo de meu coração. Diga-me o que tenho a fazer.

Então, aquele bom espírito lhe explicou tudo.

...

Você gostou deste trecho?
Então não deixe de ler este belíssimo romance!